Gerald Polzer und Stefan Spath

111 Orte in Graz, die man gesehen haben muss

Mit Fotografien von Daniel Reiter

111

emons:

Bibliografische Information der Deutschen Nationalbibliothek
Die Deutsche Nationalbibliothek verzeichnet diese Publikation in der Deutschen Nationalbibliografie; detaillierte bibliografische Daten sind im Internet über http://dnb.d-nb.de abrufbar.

Gestaltung: Eva Kraskes, nach einem Konzept von Lübbeke | Naumann | Thoben
Kartografie: altancicek.design, www.altancicek.de
Kartenbasisinformationen aus Openstreetmap,

Druck und Bindung: B.O.S.S Medien GmbH, Goch
Printed in Germany 2016
ISBN 978-3-95451-466-3
Aktualisierte Neuauflage Februar 2016

Vorwort

Die Mur-Metropole Graz gilt als Geheimtipp unter Globetrottern. Hier bilden historische Stätten, Kultur-Events, kreative Köpfe und ein mediterranes Flair die besondere Melange, aus der eine Stadt voller Geschichte und Geschichten komponiert wird.

Graz ist Kulturhauptstadt und City of Design – aber in erster Linie ein lebendiger, bunter Platz, der für jeden Geschmack etwas bietet. Lernen Sie Graz, das »Tor des Südens«, aus 111 neuen und verblüffenden Perspektiven kennen. Von süßen und pikanten Genüssen über Mode, Lifestyle und feine Drinks bis zu historischen Stätten und Hotspots der Gegenwartskunst – mit diesem Reisebuch kann man rund um die Uhr Graz entdecken und erforschen. Zölestische Einblicke warten im Planetengarten und dem Institut für Weltraumforschung, die Kirchen am Leech und Sankt Lukas bieten 1.000 Jahre Religionsgeschichte. Sie lernen Persönlichkeiten kennen, die der Stadt eine außergewöhnliche Prägung verleihen und mit ihren Werken und Ideen Einzigartiges schufen und schaffen. Besondere Plätze künden von heller Münze, letzten Gängen, frohen Festen und Lebensfreude im Herzen der Steiermark.

Genießen Sie ein Potpourri an Geheimtipps und Anekdoten und lassen Sie sich von den Bildern Daniel Reiters verzaubern – mit seiner Kamera fing er die Atmosphäre der Stadt und ihre Magie ein!

Gerald Polzer und Stefan Spath

111 Orte

hotel daniel
Wir kaufen Bücher!

1 Die AEIOU-Inschrift

Auf zum fröhlichen Rätselraten

AEIOU – diese Buchstabenreihe findet sich gleich in mehrfacher Ausführung, manchmal mit Jahreszahl, an den Mauern der Grazer Burg. Im Dom springt einem die Letternsequenz ins Auge, wenn man das Gewölbe im Chorraum betrachtet. AEIOU – das klingt so einprägsam wie simpel – doch die Bedeutung der Vokalreihe ist bis heute ein Rätsel der Kunstgeschichte. Auch 500 Jahre nachdem Kaiser Friedrich III. (1415–1493) sie als sein »Logo« entwickelte, ist man des Rätsels Lösung nicht näher gekommen.

Der Langzeitherrscher, Kaiser ab 1452, kennzeichnete mit dieser Buchstabenfolge Bauten sowie Objekte, die ihm wichtig waren, als seinen Besitz. So geht es aus seinem Notizbuch hervor – ohne weitere Aufschlüsse. Bereits seine Zeitgenossen wunderten sich. War Friedrichs persönliches Zeichen ein mystisches Symbol aus einer Ära, als sich Geheimschriften und Magie großer Beliebtheit erfreuten? War es nur eine Zufallsabfolge, ähnlich einem kindlichen Abzählreim? Historiker haben verschiedene Interpretationen ins Spiel gebracht. Manche spiegeln Großmachtphantasien wider à la »Alles Erdreich ist Österreich untertan«. So trumpfte man im 16./17. Jahrhundert auf, nachdem das Habsburgerreich zur Weltmacht aufgestiegen war, was Friedrich freilich noch nicht wissen konnte.

Doch schon früh kamen auch ironische Auslegungen auf. Während der Besetzung Wiens durch die Ungarn im Jahr 1485 lästerte man: »Aller erst ist Österreich verloren«; viel später machte das ebenfalls wienerisch angehauchte »Am Ende ist ollas umsonst« die Runde. »Aller Ehrgeiz ist Österreich unbekannt« oder »Aerarisches Essen ist oft ungenießbar«, angeblich erfunden in der Militärakademie in der Wiener Neustadt, sind weitere Varianten. Oder ist es den ganzen Interpretationsaufwand nicht wert im Sinne von »Also eigentlich ist's ohnehin unwichtig« beziehungsweise »Abkürzungen erregen in Österreich Unmut«? Viel Spaß beim Rätselraten!

Adresse Grazer Burg, Hofgasse 15, A-8010 Graz | Öffnungszeiten täglich 7.30–20 Uhr | Anfahrt vom Hauptplatz (wird von allen Straßenbahnlinien angefahren) in die Sporgasse und Hofgasse gehen, die Burg liegt linker Hand | Tipp Verwirrend fürs Auge ist die berühmte Doppelwendeltreppe in der Grazer Burg (Hof II).

2 Das Antiquariat Truppe

Im Reich der Bücher

Elias Canetti bekam den Nobelpreis für sein Hauptwerk »Die Blendung« verliehen. Protagonist dieses Romans ist Peter Kien, ein Sinologe und Bücherwurm, der im Paralleluniversum seiner Bibliothek ein glückliches Dasein fristet, bis er auf die Außenwelt und deren Menschen prallt. Wenn man Lust verspürt, sich ein wenig in die Hauptfigur hineinzuversetzen, ist man im Buchantiquariat Truppe bestens aufgehoben.

Das Geschäft in der Innenstadt besteht seit 1921, kann sich als dienstältestes Antiquariat von Graz bezeichnen und befindet sich heute noch im Besitz der Familie. Die Räumlichkeiten vermitteln das Flair von Wissen und der Beschäftigung mit den wahren Dingen des Lebens – den Geheimnissen unseres Universums. In Reih und Glied stehen Tausende Bände als Abbild menschlichen Schaffens in vielen Bereichen. Besitzer Matthäus Truppe ist auf wissenschaftliche Literatur, illustrierte Bücher des 20. Jahrhunderts und Erstausgaben von 1800 bis heute spezialisiert. Außerdem kann man in der Stubenberggasse erlesene Drucke aus dem 17. Jahrhundert und Grafiken österreichischer und italienischer Provenienz bewundern und kaufen. In Zeiten des Wandels hat sich Truppe ein zweites Standbein aufgebaut, Universitäten und öffentliche Bibliotheken werden von ihm mit wissenschaftlichen Monografien, Zeitschriften und E-Medien versorgt. Diese breite Palette sichert dem Antiquariat die Zukunft und Besuchern die Möglichkeit, einmalige Bücherluft in einer zeitlosen Umgebung zu schnuppern.

Die Geschichte des buchversessenen Peter Kien endet tragisch – er geht zusammen mit seinen geliebten Bänden in Flammen auf, da das Universum außerhalb seiner Bibliothek so gar nicht dem entspricht, was er aus den gedruckten Seiten kennt. Diese Gefahr besteht bei Matthäus Truppe bestimmt nicht, denn der Mann liebt zwar Bücher über alles, steht in seinem Geschäft aber mit beiden Beinen im Leben.

Adresse Stubenberggasse 7, A-8010 Graz, Tel. +43 (0)316/829552, truppe@aon.at | **Öffnungszeiten** Mo–Fr 9–12.45 und 15–18 Uhr | **Anfahrt** vom Jakominiplatz (wird von allen Straßenbahnlinien angefahren) in die Herrengasse gehen, die Stubenberggasse ist die zweite Gasse links | **Tipp** In der Frauengasse ums Eck befindet sich der Secret Room – dort gibt es keine alten Bücher, sondern junge, exquisite Mode.

3 Die Archäologische Sammlung

Zwei Treppen zur Antike

Verehrer altgriechischer und römischer Skulpturen müssen viel Zeit und lange Wege auf sich nehmen, um die faszinierenden, aus Marmor und Stein gemeißelten Körper und Köpfe bewundern zu können. Auf die großen Museen Europas verteilt, kann man hier einen speerwerfenden Zeus, dort einen grimmigen Neptun betrachten und anderswo in die verklärten Augen des Sokrates blicken. Doch es gibt eine kürzere Route zu all diesen Schätzen der Antike – sie führt ins Hauptgebäude der Universität Graz und über zwei Marmorstiegen in das Archäologische Institut.

Um Studienobjekte für Historiker bereitzustellen, wurde die Sammlung im 19. Jahrhundert gegründet und wanderte später an ihren heutigen Platz. Die Räumlichkeiten stehen jedermann offen, und der Besucher hat gegenüber den Museen in Knossos oder Pompeji den Vorteil, nicht von strengen »Bodyguards« beäugt zu werden, sondern die Statuen und Kunstobjekte ganz nah genießen zu können. Der von Schlangen umwundene Laokoon, die würdevolle Demeter von Knidos sowie die Darstellung der Geburt von Aphrodite sind feine Zeugen untergegangener Epochen. Wer glaubt, hier sei alles Fake, der irrt. Die Universität hat sehr wohl prachtvolle Originale in ihren Hallen zu bieten, hinter Glas lassen sich Vasen und Gefäße aller antiken Epochen bestaunen – hier mischt sich Realität endgültig mit Fiktion.

Nach diesem Schnellkursus in antiker Kunstgeschichte tritt man kulturell gestärkt auf die Straße und in die heutige Welt hinaus. Die Vorteile dieser Exkursion liegen auf der Hand: Weder reißen teure Flugtickets nach Athen und Rom ein dickes Loch in die Brieftasche, noch wird man auf der Piazza von fahrenden Händlern belästigt. Der Innenhof des Hauptgebäudes ist als grüne Verlängerung der Sammlung zu verstehen, hier kann der Besucher Geist und Können der antiken Welt so richtig einsickern lassen.

Adresse Universitätsplatz 3/II, A-8010 Graz, Tel. +43 (0)316/3802385, www.archaeosammlungen.uni-graz.at | Öffnungszeiten während des Semesters Mo–Do 8–18 Uhr, Fr 9–16 Uhr | Anfahrt Buslinien 63 und 58, an der Station Universitätsplatz aussteigen | Tipp In der Harrachgasse gibt es das Café Harrach – ein Klassiker unter den Studentenlokalen.

4 Die Artfabriek

Genauer als die Wirklichkeit

Reisen bildet: Als der Fotokünstler Robert Uranitsch zum Studienaufenthalt in den USA weilte, besuchte er ein Konzert von »Crosby, Stills, Nash & Young«. Neben dem musikalischen Genuss erfuhr er Erstaunliches über Graham Nash: Dieser beschäftigte sich mit großformatigen Prints und hatte eben einen Drucker angeschafft, mit dem man Fotos ordentlich »aufpumpen« konnte. »Das Gerät war unbezahlbar und die Qualität eher mäßig, doch die Idee, Bilder beliebig groß zu reproduzieren, hat mich fasziniert«, erzählt Uranitsch.

2013 eröffnete er die Artfabriek – die hohen, hellen Räume mit den großen Glasfenstern sind ein wahrer Eyecatcher am Glacis. Hier wird auf zwei Ebenen gewerkt: Im Studio können Bilder neu gedruckt, digitalisiert und in eine andere optische Dimension versetzt werden. Ob Postkarten, technische Pläne oder Werbeplakate – wenn eine Vorlage durch Kamera, Monitor und Drucker gewandert ist, hat sie fast »ewige« Beständigkeit, denn eine Lebensdauer von immerhin 200 Jahren ist garantiert. In der Artfabriek wird jedes Stück von Hand geschnitten und mit einem Prägestempel versehen – eine Manufaktur im ursprünglichen Sinn. Zweites Standbein ist die Zusammenarbeit mit aufstrebenden Künstlern: Ihre Werke werden in minimalen Auflagen gedruckt und in der Galerie gezeigt. Uranitsch sieht sich als Türöffner und finanziert diese aufwendigen Editionen aus eigener Tasche vor. »Ich kenne den Druck junger Künstler aus eigener Erfahrung und biete ihnen eine Chance.«

Wer annimmt, dass es in der Artfabriek um reine Reproduktionen geht, ist auf dem Holzweg. Durch die Genauigkeit und unendliche Präzision der Werkstücke offenbaren sich Details in den Bildern, die bei normaler Betrachtung verborgen bleiben: Graham Nash hat mit seiner Band den »American Dream« beschrieben – größer, höher, weiter – am Glacis kann man Bilder an die Grenze der Unendlichkeit bringen.

Adresse Glacisstraße 7, A-8010 Graz, www.artfabriek.com | **Öffnungszeiten** Mo–Fr 10–13 Uhr und 15–19 Uhr und nach Vereinbarung, Tel. +43 (0)664/1406667 | **Anfahrt** Buslinie 31, an der Station Geidorfplatz aussteigen und retour auf den Glacis gehen, die Galerie liegt linker Hand | **Tipp** Am Geidorfplatz finden Sie das gleichnamige Kunstkino – mit feinen Filmen und Frühstück.

5 Die ASCII-Himmel-Skulptur

Space-Art russisch-österreichischer Provenienz

Der Weltraum ist traditionell eine Sphäre der Wissenschaft. Der nächste bewohnbare Planet, die am weitesten entfernte Galaxie, Schwarze Löcher und Quasare – die kosmischen Rätsel dürften die Astronomen noch jahrhundertelang auf Trab halten. Dass der Kosmos auch Raum für künstlerische Betätigung bietet, das beweist die Freiluft-Skulptur »ASCII-Himmel« am Grazer Schlossberg.

Als glänzende 3,5 Meter durchmessende Scheibe aus Edelstahl präsentiert sich das wohl erste im Weltraum geborene Kunstwerk auf einer Wiese. Seine Oberfläche ist gespickt mit seltsamen, scheinbar willkürlich angeordneten Zeichen. Die Skulptur erinnert an den ersten Weltraumflug eines Österreichers im Jahr 1991. Der Künstler Richard Kriesche inszenierte aus diesem Anlass sein Projekt ARTSAT: Zwischen der russischen Weltraumstation MIR und dem Austro-Kosmonauten Franz Viehböck auf der einen sowie dem Rundfunk-Studio in Graz und dem Künstler auf der anderen Seite entspann sich eine künstlerische Performance. Videos, Pantomime und Musik (der »Donauwalzer«) spielten eine Rolle, bis am Ende ein Schweißroboter das Ergebnis in eine skulpturale Botschaft transformierte. Die 440 aufgeschweißten Zeichen stammen aus dem ASCII-Zeichensatz (American Standard Code for Information Interchange), dem universal gültigen »Alphabet« der Computerwelt, und erscheinen als Projektion der Kurven von Sternzeichen, so heißt es.

Zoomt man mit Google Maps auf den Schlossberg, so sieht die glitzernde Scheibe ein bisschen wie ein kleiner UFO-Landeplatz aus. Würden etwa Aliens die aufgeschweißte Message verstehen? Interstellare Kommunikation ist ein großes Thema der Wissenschaft – sowie der Humoristen. Sagt ein Astronom zum anderen: »Wir haben eine Nachricht an die Außerirdischen geschickt. Ein Observatorium hat sie empfangen. Die Mitarbeiter haben sie nicht verstanden.«

Adresse Schlossberg, A-8010 Graz | **Öffnungszeiten** ganzjährig frei zu besichtigen | **Anfahrt** mit Standseilbahn (Franz-Josefs-Kai 38), Lift oder zu Fuß (jeweils vom Schlossbergplatz) auf den Schlossberg, das Freiluftdenkmal befindet sich zwischen Glockenturm und der sogenannten Kanonenhütte auf einer Wiese | **Tipp** Für kulinarische Höhenflüge steht das scheinbar an den Fels geklebte Starcke-Haus (Schlossberg 4, Mo Ruhetag), einer der schönsten Aussichtspunkte der Stadt.

6 Das Atelier Soltys

Durch Kopf, Herz und Hände in die Welt

Maler sind oft eigenwillige Käuze, die sich von der Öffentlichkeit zurückziehen und in abgeschirmten Ateliers ihrer kreativen Tätigkeit nachgehen. Herbert Soltys ist aus einem anderen Holz geschnitzt. Für ihn ist Kunst nicht die Spielwiese einiger weniger – deswegen schließt er die Tore seines Ateliers auf und begrüßt Interessierte mit offenen Armen. Seine Werke sollen der materiellen Welt Paroli bieten und nicht zum Statussymbol degradiert werden.

Wer dieses Atelier betritt, spürt sofort, dass hier Kunst erarbeitet wird, ein Mann mit Disziplin und geradezu körperlicher Wucht an seine Aufgabe herangeht. Eine gute Schule für die Beherrschung des Handwerklichen waren sein Jahr an der Akademie und die Tätigkeit im Malersaal des Theaters. Hier hat Soltys mächtige Bühnenbilder gemalt, und diese schiere Größe pflanzt sich im derzeitigen Schaffen fort.

In seinen Werken steht das Individuum im Vordergrund, die Form und Ausdruckskraft des menschlichen Körpers. Hier wird gemalt und nicht gepinselt. Schwere, dichte Farben, mächtige Raumtiefen und Figuren, die den Betrachter ins Geschehen ziehen, schaffen Welten, einen Kosmos von Köpfen, Leibern, Armen und Beinen. »Die Bilder entstehen in meinem Kopf, fließen durch mein Herz und prallen über meine Hände auf die Leinwand, meine Kraft und Intention soll über meine Arbeit zu den Leuten hinaus und ebenso in ihre Köpfe und Herzen eindringen.«

Soltys ist immer auf der Suche nach Leuten, die Kultur forcieren, Betrachter sind für ihn keine Feinde, sondern Verbündete. Er will, dass seine Werke mit Freude, Neugier und vor allen Dingen ohne Scheu rezipiert werden. Das Rad der Zeit dreht sich weiter und macht auch vor dem Kunstmarkt nicht halt. »Die Gesellschaft wäre reif, Kultur nicht als Spielzeug der Eliten hinzunehmen, sondern als befruchtenden Teil unseres Lebens. Wir müssen uns alle neu positionieren und öffnen – Künstler und Publikum.«

Adresse Körösistraße 59, A-8010 Graz, Tel. +43 (0)699/11459784 | **Öffnungszeiten** Rufen Sie den Künstler an, er vereinbart einen Termin mit Ihnen. | **Anfahrt** Straßenbahnlinien 4 und 5, an der Station Hasnerplatz aussteigen, das Atelier liegt nach 100 Metern rechter Hand | **Tipp** Am Hasnerplatz befindet sich das Café »Zapo im Park« – hier kann man sogar in der grünen Wiese sitzen!

7 Berber-Arts Blazek

Von den Höhen des Atlas

Gegenüber der Kunstuniversität bleibt der Spaziergänger unweigerlich an einem breiten Schaufenster stehen. Hier tut sich eine Welt der Farben und Formen auf, die magische Anziehungskraft besitzt: Hinter Berber-Arts steckt ein Kaleidoskop textiler Raritäten und faszinierender Kulturtechniken – ein exotischer Kontrapunkt zum klassizistischen Ensemble der Universität.

Besitzer Gebhart Blazek hat als Forscher Jahre in Nordafrika zugebracht und sich regelrecht in die Berberteppiche Marokkos verliebt. Seitdem sucht und findet er besondere Stücke aus dieser Region – erlesene Raritäten vergangener Jahrhunderte und Boucherouite-Teppiche der Moderne. Findige Weberinnen beweisen bei dieser Webtechnik unglaubliche Phantasie: Sie verarbeiten Alttextilien, Nylonfäden und Lurex zu grellbunten und ausdrucksstarken Kunstwerken – jedes Stück im marokkanischen »Style of Recycling« ist ein Unikat. Aus Europa kommen Teppiche des Art déco und Modernismus, zeitgenössische Designerstücke aus der Werkstatt der US-Amerikanerin Jan Kath. Die Serie »Le Maroc Blanc« spiegelt in den Grundtönen Schwarz und Weiß Form und Struktur des Hohen Atlas wider und kann bei Blazek in individueller Größe geordert werden. Abgerundet wird das Angebot durch die Zusammenarbeit mit Udo Gangl: Der Spezialist für Stammeskunst ergänzt mit Skulpturen, Kultgegenständen, Ritualobjekten und modernen Möbeln aus Afrika, Ozeanien und Asien das breit gefächerte Angebot.

Design, Muster und Farben sind bei Teppichen einem ständigen Wandel unterworfen, doch eines wird sich niemals ändern – abertausende Knoten müssen in mühevoller Handarbeit geknüpft werden. Das Fair-Trade-Label »Step« und Gebhart Blazek setzen sich für menschenwürdige Arbeitsbedingungen und Löhne ein, um Ausbeutung einen Riegel vorzuschieben. Kunstsinnigkeit vereinigt mit Respekt – eine wunderbare Mischung.

Adresse Leonhardstraße 12, A-8010 Graz, Tel. +43 (0)664/2142241, www.berber-arts.com | Öffnungszeiten Di – Fr 11 – 18.30 Uhr, Sa 10 – 13 Uhr | Anfahrt mit den Straßenbahnlinien 1 und 7, an der Station Lichtenfelsgasse aussteigen, das Geschäft liegt gegenüber der Musikuniversität | Tipp In der Cohibar in der Leonhardstraße 3 gibt es feine Drinks, Zigarren und heiße Rhythmen aus Kuba!

8 Der Bioladen Matzer

»Bioniere« der gesunden Ernährung

Schaf- und Ziegenkäse aus Kärnten, Seeforellen aus dem Salzburger Land, Bärlauch-Bratfilets, Lammwürstel, Sulmtaler Hähne, herrliches duftendes Brot und unter dem Gewicht des frischen Gemüses biegen sich die Regale – im Bioladen Matzer läuft einem buchstäblich das Wasser im Mund zusammen. Der Familienbetrieb ist auch historisch bedeutsam: Er ist das älteste bestehende Biogeschäft Österreichs.

1979 starteten Rupert Matzer und seine Frau ihr Bio-Unternehmen, als gesunde Ernährung noch ein Nischenthema war. Sie haben alle Skeptiker eines Besseren belehrt. Besonders nach der Reaktorkatastrophe in Tschernobyl 1986 wurden gesunde Ernährung und das Wissen um die Herkunft der Lebensmittel immer wichtiger. Mittlerweile ist »Bio« zum Megatrend mutiert – so sehr, dass damit mitunter auch Schindluder getrieben wird. An der Geburtsstätte der Grazer »Bioniere« regieren statt Hype Transparenz, Vertrauen und Bodenständigkeit. Ein wichtiger Unterschied zu den Bio-Abteilungen in Supermärkten: die fachkundige Bedienung.

Das Einkaufen beim Matzer ist noch ein sinnliches Erlebnis und macht Spaß. Der Grazer Krauthäuptel leuchtet knackig frisch, die Mango verrät schon durch ihren Duft, dass sie reif ist. Alte steirische Obstsorten zählen zu den Besonderheiten, ebenso wie edle Tropfen von heimischen Bioweingütern. Wann Frischfleisch zu bekommen ist, wird angeschlagen. Das Netz an vertrauenswürdigen Produzenten und Lieferanten hat man über 35 Jahre aufgebaut. Die Vielfalt ist atemberaubend. Von A wie Avocado bis Z wie Zucchini oder Zeckenschutzmittel auf Biobasis ist man um nichts verlegen. Mehr als 50 Sorten Bionudeln aus Dinkel bis Hartweizen stapeln sich in den Regalen. Auch gesunde Mittagsmenüs und eine Hauszustellung werden angeboten. Dabei kann man sich etwa sein Gemüsekistl nur mit steirischen Vitaminbomben oder auch international zusammenstellen lassen.

Adresse Sparbersbachgasse 34, A-8010 Graz, Tel. +43 (0)316/838799, www.bio-laden.at | **Öffnungszeiten** Mo–Fr 8–19 Uhr, Sa 8–13 Uhr | **Anfahrt** Straßenbahn 3, Haltestelle Mandellstraße, 50 Meter in Fahrtrichtung weitergehen | **Tipp** Eine weitere Top-Adresse für Lebensmittel aus biologischem Anbau: der Biobauernmarkt am Hof der Fachschule Alt-Grottenhof, Krottendorferstraße 110 (Fr ab 12 Uhr).

9 Die Blutgasse

Dead Man Walking

Strafvollzug ist ein heikles Thema: Es soll einerseits eine gerechte Strafe für begangene Taten gefunden werden und die Sühne andererseits nicht so stark ausfallen, dass der Betroffene keinen Ausweg mehr sieht und endgültig im Sumpf der Kriminalität versinkt. Der heutige Vollzug hat natürlich nichts zu tun mit den Sitten des Mittelalters. Wer damals der Staatsgewalt in die Quere kam, mit dem wurde kurzer Prozess gemacht. Entweder er versauerte im Schuldturm, oder ihn traf die härteste aller Strafen – der Gang durch die »Blutgasse« zur Hinrichtung.

Der letzte Weg begann auf dem Schlossberg im »Liesl« getauften Gefängnis und führte den Hügel hinunter durch das Palais Saurau auf die obere Sporgasse. Weiter ging es über die Hofgasse in den Renaissance-Innenhof des Hauses Nummer 2. Die Gassen werden übrigens »Reichen« genannt, da sie derartig eng sind, dass man sich von Fenster zu Fenster die Hand reichen kann. Nach dem Ausgang in der Färbergasse 9 führt die Strecke durch das Restaurant Dionysos (eine ehemalige Kaserne) und die Prokopigasse schlussendlich in die Pomeranzengasse, die in den Hauptplatz mündet. Diese letzten Meter waren im Mittelalter sicher die härtesten für die Verurteilten – wenn man den schmalen Gang abschreitet, ist die bedrückende Stimmung spürbar. Die Gefangenen waren am Blutweg allein mit ihren Henkern, wenn sich der große Platz mit seiner grölenden Menge, die der Hinrichtung entgegenfieberte, vor ihnen öffnete: Welch ein Alptraum!

Sean Penn verkörpert im Film »Dead Man Walking« beeindruckend die Qualen eines Delinquenten auf seinem Weg zum Richtplatz. So schrecklich seine Taten waren, so grausam ist die kalte Konsequenz und Rache der Gesellschaft.

In Graz kann man auf den Spuren Verurteilter wandeln und hat die Gewissheit, dass derlei Sühne der Vergangenheit angehört – zumindest diesseits des Ozeans.

Adresse vom Schlossberg bis zum Hauptplatz, A-8010 Graz | **Öffnungszeiten** jederzeit zugänglich | **Anfahrt** am Hauptplatz (wird von allen Straßenbahnlinien angefahren) aussteigen und der Wegbeschreibung folgen | **Tipp** Am Weg liegt in der Sporgasse 28 die »Goldene Pastete« – eines der ältesten Gasthäuser von Graz.

10 Der Botanische Garten

Schönmännchen und Orchideen

Alte Glashäuser sehen zwar schön aus, haben jedoch den Nachteil, inneralpinen Temperaturen nicht wirklich gewachsen zu sein. Vor diesem Problem stand die Uni Graz, als die Gewächshäuser des Botanischen Institutes marode wurden und die Vielfalt der Flora bedroht war. So beauftragte die Stadt in den 1990er Jahren den Architekten Volker Giencke mit einem Neubau, der als Gewächshaus und Kunstobjekt zwei Zwecke gleichzeitig erfüllt.

In weit geschwungenen, futuristischen Röhren, die durch ihre Transparenz ästhetische und ökologische Weitsicht erkennen lassen, gedeihen Pflanzen aller Vegetationszonen. Die Ausrichtung der Acrylglaskörper ist so raffiniert gewählt, dass praktisch jeder Lichtstrahl seine volle Wirkung entfalten kann. Für die nötige Luftfeuchtigkeit und das perfekte Klima wurde ein Beregnungssystem entwickelt, das mikroskopisch kleine Wassertröpfchen versprüht – der Dschungel lässt grüßen. Besucher wandeln auf schmalen Pfaden durch die Schaugärten, drei Pflanzenhäuser – tropisch, temperiert, kalt – stehen zur Besichtigung bereit. Der Bogen spannt sich vom Maiglöckchen über die Ananas und das Schönmännchen bis zum Kaktus, vielfarbigen Orchideen und Tausenden anderer Blumen, Früchte und Pflanzen – je nach Jahreszeit blüht und gedeiht es an allen Ecken und Enden. Ein Spaziergang durch die grünen Gassen kommt einer Kurztherapie gleich – plaudern mit den Lianen erlaubt.

Die alten Gewächshäuser sollten abgerissen werden, doch eine Bürgerinitiative hat diesen Kahlschlag verhindert – heute wirken die ehrwürdigen Gebäude leider unbenutzt und könnten dringend neuen Glanz vertragen. Ein Vorschlag zur Finanzierung: das Dschungelcamp vom fernen Australien in den Botanischen Garten verlegen, das spart Reisezeit und enorme Kosen. Außerdem käme diese Variante dem Neubau eines Tierparks gleich – mit dem Affenhaus live auf Sendung!

Adresse Eingang Schubertstraße 59, A-8010 Graz, Tel. +43 (0)316/3805662, www.uni-graz.at/garten | **Öffnungszeiten** Freiland: täglich 16. Sept.–14. Mai 8–15 Uhr, 15. Mai–15. Sept. 8–17 Uhr; Gewächshäuser: täglich 10–14 Uhr, 24. Dez.–6. Jänner geschlossen | **Anfahrt** Straßenbahnlinie 1, Haltestelle Hilmteich aussteigen und in die Schubertstraße gehen | **Tipp** In der Heinrichstraße 95 befindet sich eine der letzten Miniaturgolfanlagen von Graz – spielen Sie eine Runde!

11 Das BRUSEUM

Ein Museum für den einstigen Bürgerschreck

Heute ist es kaum mehr möglich, mit Kunst zu provozieren. Der bärtigen steirischen Kunstfigur Conchita Wurst gelang es beim Eurovision Song Contest 2014 gerade mal, ein paar reaktionäre Fundis aus Osteuropa zur Weißglut zu treiben. Das war noch anders, als der Steirer Günter Brus in den 1960er Jahren mit der Bewegung Wiener Aktionismus das Establishment rockte. Von Zeitungen 1968 nach einer Aktion an der Wiener Uni, die als »Uniferkelei« in die Annalen einging, zum »meistgehassten Mann Österreichs« ausgerufen und von der Justiz belangt, verbrachte Brus einige Jahre im Westberliner Exil. Heute genießt er Weltruf. Folgerichtig widmet ihm das Universalmuseum Joanneum ein eigenes – der Bedeutung und der Exzentrik des Künstlers angemessenes – Museum, Verzeihung, BRUSEUM!

2011 eröffnet, stellt das »Brus-Museum« in der Neuen Galerie Graz den phantastischen Kosmos des Universalkünstlers vor. Präsentiert wird der Meister himself, aber auch Werke von Kollegen, mit denen er zusammenarbeitete. Dabei kann sich das BRUSEUM auf zentrale Arbeiten und den literarischen Vorlass des 1938 geborenen Allrounders stützen. Im Fundus sind etwa Bilder und Filme zu finden, die legendäre Aktionen wie den »Wiener Spaziergang« 1965 dokumentieren. Dabei spazierte Brus, von Kopf bis Fuß weiß bemalt und mit einem schwarzen Strich über Gesicht und Körper, als lebendes Bild durch die Wiener Innenstadt.

Radikale Körperperformances machten ihn bekannt, in seiner zweiten Schaffensphase verlegte er sich auf ausufernde »Bilddichtungen«, verfasste literarische Texte, entwarf Kostüme für die Bühne und vieles mehr. Es ist nie zu sagen, was man im BRUSEUM gerade zu sehen bekommt. Einmal fesseln die skurrilen Wesen, die aus Brus' Bildwelten emporsteigen, dann die zwischen Absurdem und scharfsinnigen Beobachtungen changierenden Texte. Langweilig wird es im BRUSEUM nie.

Adresse Neue Galerie Graz im Joanneumsviertel, A-8010 Graz, Tel. +43 (0)316/80179100 | **Öffnungszeiten** Di–So 10–17 Uhr | **Anfahrt** Vom Hauptplatz (wird von allen Straßenbahnlinien angefahren) geht es über die Landhausgasse zum Joanneum. | **Tipp** Das Besucherzentrum unter dem Museumshof fungiert als Drehscheibe zu weiteren hochinteressanten Sammlungen des Joanneums – sehen Sie sich nach Lust und Laune um.

12 Die Burgruine Gösting

Jungfernsprung

Geschichte ist eine eher trockene Angelegenheit, wo Zahlen und Fakten chronologisch aneinandergereiht werden. Das wahre Salz in der historischen Suppe sind Sagen und Mythen, die versunkene Welten lebendig werden lassen. Die Burg Gösting thront an der Spitze des Steinkogels über Graz, und ihre Mauern haben vieles zu erzählen. Doch das eigentliche Herzstück der Anlage ist der vorgelagerte »Jungfernsprung«, um den sich eine tragische Legende rankt.

Die schöne Anna von Gösting wurde von zwei Rittern umworben, keiner gab nach, und so musste die amouröse Verwicklung am Turnierplatz entschieden werden. Wie das Schicksal so spielt, wurde dem falschen Ritter der Schädel eingeschlagen – Anna hatte an ihn ihr Herz verloren und war nach dem tödlichen Hieb untröstlich. In modernen Zeiten gibt es die Disco oder das Internet, um neue Kontakte zu knüpfen, im Mittelalter wurde derlei Herzschmerz durch einen Sprung in die Tiefe beendet. Als der Unglücklichen Vater Otto die zerschmetterte Tochter sah, schlug ihm ebenfalls das letzte Stündchen – Geschlecht und Burg zerfielen, nur eine Ruine blieb von den stolzen Göstingern. Diese Reste sind allemal einen Besuch wert: Es gibt einen ummauerten Fünfeckturm, den ehemaligen Bergfried mit einem Museum und die Burgkapelle »Zur Heiligen Anna« zu sehen – durch engagierte Restaurierungen sind Wucht und Größe der mittelalterlichen Wehranlage intensiv zu spüren.

Tragödien üben eine dunkle Faszination auf viele Menschen aus. So hat der Freitod des Burgfräuleins leider viele Nachahmer gefunden und den Felsvorsprung zu einem romantisch verklärten Tor ins Jenseits gemacht. Unweit von Graz erhebt sich eine steile Wand namens Frauensprung: Hier wollte sich eine Unglückliche der Sage nach in den Tod stürzen, fiel in die Mur und wurde gerettet. Die Moral von der Geschichte? Unglück vergeht, Weiterleben ist bedeutend lustiger!

Adresse Ruinenweg 50, A-8051 Graz, Tel. +43 (0)316/684550 | **Öffnungszeiten** Die Ruine ist tagsüber zu besichtigen. | **Anfahrt** Buslinie 40 nach Gösting, auf dem Ruinenweg zur Burgruine gehen | **Tipp** In der Göstinger Straße 149 steht das Plabutscher Schlössel – ein Hotel für Heiratswillige!

13 Das Café Fotter

Versprochen und gehalten

Kennen Sie den Song »I Never Promised You A Rose Garden« von Lynn Anderson? Da geht es um das Auf und Ab in einer Liebesbeziehung und die harte Realität, dass nicht alle Wünsche in Erfüllung gehen. Die Interpretin sprach vermutlich aus eigener Erfahrung, womit klar ist, dass sie einen schweren Fehler begangen hat – nämlich den, niemals das Café Fotter in der Attemsgasse zu besuchen. Denn im Hinterhof steht er, der Rosengarten: Er verzaubert die Gäste mit seiner Blütenpracht, betört Pärchen mit unzähligen Düften und kittet jede brüchige Liebschaft in Windeseile.

Viele Jahrzehnte wurden hier »Schrottbrod und Theegebäck« feilgeboten, wie auf den angewitterten Marmortableaus am Eingang zu lesen ist. Die Bäckerei gehört zwar der Vergangenheit an, doch das Kaffeehaus hat den Anstürmen von Starbucks & Co. widerstanden und gehört heute zu den letzten originalen Lokalen der Stadt. Das Interieur vereinnahmt durch einen gekonnten Mix aus Konditorei von anno dazumal und einem modernen Bistro für Studenten der nahen Uni. Der Verkaufsraum der Bäckerei besticht mit verschnörkelten Regalen, marmornen Tischchen und einer alten Registrierkassa, die Gastzimmer bieten frische blaue Lederbänke und eine perfekt renovierte Wandvertäfelung, in die gemalte Landschaftsszenen eingearbeitet sind.

Ein ideales Ambiente für Genießer und Romantiker: Hier gibt es hausgemachte Mehlspeisen und das Gefühl, am eigenen Wohnzimmertisch zu sitzen – aber mit freier Sicht auf prächtige Rosensträucher.

Schon viele Paare haben in den versteckten Lauben des Cafés zueinander gefunden und sich ewige Treue geschworen. Es geht die Mär von einem Ehepaar, das sich hier vor 50 Jahren kennenlernte: Als Zeichen des dauerhaften Glücks wurde eine getrocknete Rose vom Fotter im Schlafgemach aufbewahrt –, und ihr Versprechen hält noch immer: I *did* promise you a rose garden!

Adresse Attemsgasse 6, A-8010 Graz, Tel. +43 (0)316/322146, www.cafe-fotter.at | **Öffnungszeiten** Mo–Fr 7.30–18.30 Uhr, Sa 8.30–14 Uhr | **Anfahrt** Buslinie 31, an der Station Geidorfplatz aussteigen, den Glacis 200 Meter retourgehen, die Attemsgasse ist die erste Quergasse links | **Tipp** Handgemachte Pasta und italienische Schmankerln gibt es bei »Nudeln am Glacis« in der Glacisstraße 1.

14 Das Café Ritter

Der »Herr Karl«

Für Filmkenner und Nachteulen ist er eine Ikone der Coolness und der Inbegriff eines Barbesitzers schlechthin: Rick im gleichnamigen Café in Casablanca. Die Zigarette im Mundwinkel und eine Hand in der Tasche seines Dinnerjackets beobachtet er die Menschen und deren Treiben in seinem Etablissement. In der Rittergasse nahe der Universität gibt es ein Pendant in Form des »Herrn Karl« – er nennt das Café Ritter sein Eigen und kann bezüglich Lässigkeit locker mit Humphrey Bogart mithalten.

Vor zwölf Jahren entdeckte Karl Schlag die entzückenden Räumlichkeiten in der Rittergasse, quittierte seinen eleganten Job im Casino Graz und wurde Cafetier. Das Lokal besticht durch zeitlose Eleganz: Dunkle Thonet-Stühle, eine gemütliche Ledercouch und die lang gezogene Bar – an der man noch rauchen kann (!) – bilden ein Refugium für Menschen, die Stil zu würdigen wissen. Als Rundum-Service reicht die Palette des Ritter von Frühstück über Mittagstisch aus den Händen von Köchin Flori und Nachmittagskaffee bis hin zur Bar-Atmosphäre mit Drinks und Lounge-Musik. An der Bar werkeln kundige Studenten beiderlei Geschlechts, und wie das göttliche Auge wacht »Herr Karl« über das Geschehen – gewandet in einen »inneren Smoking«. Ruhepol ist die perfekte Bezeichnung, der Gast wird umfangen von einem Ambiente der Entspannung und des Rückzugs – ein bisschen wie hinter den Toren von Rick's Café.

Helmut Qualtinger war nicht nur ein begnadeter Schauspieler, sondern als Schriftsteller ein subtiler Kenner der österreichischen Seele. Sein »Herr Karl« war die minutiöse Beschreibung eines Durchschnittsmenschen und Repräsentanten der Nachkriegsära. Gottlob haben sich die Zeiten geändert, und im Café Ritter ist ein »Herr Karl« neuen Schlags zu bewundern – sein Ziel ist zwar ebenso, sich erfolgreich zu behaupten und dem Strom der Zeit zu trotzen, doch inmitten der Menschen, nicht im dunklen Keller.

Adresse Rittergasse 2, A-8010 Graz, Tel. +43 (0)316/325777, cafe-ritter@inode.at | **Öffnungszeiten** Mo–Sa 7.30–1 Uhr, So 8.30–24 Uhr | **Anfahrt** Buslinie 31, an der Haltestelle Zinzendorfgasse aussteigen, das Café liegt einen Steinwurf entfernt | **Tipp** Mitten in der Zinzendorfgasse befindet sich eine »Open-Space-Area« – die Zukunft des mobilen Zusammenlebens!

15 Das Cerrini-Schlössl

Eine versteckte Dichterklause

Schriftstellerische Arbeit gedeiht am besten, wenn es rundum ruhig ist und man sich keine Sorgen um das Einkommen machen muss. Eine Vorstellung, die seit Anbeginn der Poesie überliefert ist. Wer im Cerrini-Schlössl der Dichtkunst nachgehen kann, kommt diesem Idealzustand ziemlich nahe. Seit 1997 haben die Grazer Stadtschreiber an der nobel klingenden Adresse Schlossberg 10 ihr Quartier: Autoren, die von der Stadt eingeladen werden, ein Jahr lang in Graz zu leben und zu arbeiten – ein kultureller Luxus, den sich nicht viele andere Städte leisten.

Und was noch wichtiger ist: Im Rahmen des »Writers in Exile«-Programms bietet Graz als »Stadt der Menschenrechte« auch Schriftstellern Zuflucht, die aufgrund ihrer kritischen Haltung in ihrer Heimat mit Repressalien konfrontiert sind. Kandidaten aus der Ukraine, Bangladesch, Kuba, Weißrussland, der Türkei, Algerien und weiteren Ländern haben im Cerrini-Schlössl temporär Quartier und Asyl erhalten.

Gleich bei der Bürgerbastei, unterhalb des Uhrturms, ist die versteckte Dichterklause zu finden. Eine Stiege führt hinab in einen kleinen, dicht bewachsenen Innenhof. Benannt ist das zweistöckige Haus – die Bezeichnung Schlössl ist etwas übertrieben – nach Karl Freiherr von Cerrini, der 1809 die Bürgerbastei gegen Napoleons Truppen verteidigte und dafür die Erlaubnis erhielt, sich an Ort und Stelle ein Domizil zu errichten. Eine Wohnung wird im Rahmen von Kurzstipendien an Kunstschaffende vergeben.

Das verwunschene Häuschen kommt dem Bedürfnis nach Rückzug entgegen, vermag aber auch durch die Nähe zur Stadt und ihrer dynamischen Literaturszene jede Menge Inspiration zu bieten. Nach vorne hin genießen die Bewohner einen privilegierten Blick auf Graz. Eine Jahresliftkarte gibt es auch, damit sie nicht für jede Besorgung den doch etwas mühsamen Weg zu Fuß auf sich nehmen müssen. Ein Literaturstipendium sondergleichen.

Adresse Schlossberg 10, A-8020 Graz, www.ihag.org | Öffnungszeiten nur von außen zu besichtigen | Anfahrt Straßenbahnlinien 4 und 5, an der Station Schlossbergbahn aussteigen und mit der Bahn auf den Schlossberg; bei der Bürgerbastei liegt der (versperrte) Eingang zur Dichterklause | Tipp Der kleine Weingarten beim Schlössl weist auf die Besonderheiten der Schlossberg-Vegetation hin; am Weg hinab in die Stadt gibt es im Herbersteingarten auch allerlei mediterrane Pflanzen zu sehen.

16 Das Comicparadies

Aufregende neue Bilderwelten

Spiderman, Superman, Batman … wer kennt nicht die Comic-Helden aus dem Marvel- und dem DC-Comic-Verlag, die seit Generationen die Welt vor Schurken retten? Oder Renn-Ass Michel Vaillant, der seit vielen Jahren für seine Fans ins Cockpit steigt? Das ist die eine, »klassische« Seite am Comicparadies. Die andere: Bildergeschichten, die in Form der Graphic Novels längst eine anspruchsvolle Form für Erwachsene gefunden haben. Und nur an wenigen Orten in Graz kann man solche literarischen Entdeckungen machen wie in diesem Spezialgeschäft in der Annenstraße.

Im Schaufenster lockt ein Schwerpunkt zum Thema »100 Jahre Erster Weltkrieg«, unter den Bild-Text-Umsetzungen des großen Mordens ist eine gezeichnete Version von Erich Maria Remarques »Im Westen nichts Neues« zu finden. Daneben ein berührender Bildroman über die letzten Tage von Stefan Zweig in Brasilien und Albert Camus' »Der Fremde« als bildgewaltige Erzählung mit subtilen Zwischentönen. Absolut gruslig gezeichnet ist die Adaption von Franz Kafkas »Die Verwandlung«. Von der Weltwirtschaftskrise bis zum US-Zombiecomic »The Walking Dead«, der erst nach seiner Printversion zur umjubelten TV-Serie wurde, spannt sich heutzutage der Themenbogen der gezeichneten Storys für Erwachsene.

Das Werben um Leser, die nicht mit dem Comic unterm Kopfkissen groß geworden sind, ist deutlich zu spüren. Wie selbstverständlich beanspruchen die Wiedergänger aus der Literatur ihren Platz neben Superhelden, Mutanten und Trash-Ikonen. Exemplare zum Schmökern liegen bereit, die Beratung ist kompetent, und die inhaltlichen Schwerpunkte schaffen willkommene Orientierung in der Bilderflut. Im Comicparadies kann man sich mit schnellem Lesefutter für die Zugfahrt eindecken oder in andere Welten abtauchen. Der Zeichenstil muss einem genauso liegen wie das Thema – und dann dauert es nicht mehr lange, bis man zum Graphic-Novel-Fan mutiert ist!

Adresse Annenstraße 35, A-8020 Graz, Tel. +43 (0)316/382886, hacki@gmx.at | **Öffnungszeiten** Mo – Fr 10 – 18 Uhr, Sa 10 – 13 Uhr | **Anfahrt** Straßenbahnen 1, 6 und 7, Haltestelle Roseggerhaus oder Esperantoplatz, das Ziel liegt zwischen den beiden Stationen | **Tipp** Eine gute Adresse für aktuelle Comic-Verfilmungen und andere cineastische Höhepunkte ist die UCI-Kinowelt Annenhof in der Annenstraße 29.

17 Das Daniel

Sperrige Kästen ade!

Wer mit dem Zug nach Graz kommt und auf den Bahnhofsvorplatz geht, dem fällt ein Hochhaus ins Auge, das durch unberührte Architektur der 1950er Jahre besticht und als Aussichtswarte über die Stadt perfekt geeignet ist. Um diesen Blick genießen zu können, muss man jedoch nicht an die Türen ahnungsloser Mieter klopfen, sondern kann im Hotel Daniel einchecken – das prächtige Panorama ist im Zimmerpreis inbegriffen und nur eines der Highlights des Traditionshauses.

Das Hotel ist vollständig renoviert, am Dach prangen die Lettern im Retrodesign als weithin sichtbares Logo – ein besonderes Zuckerl ist die stadtseitig gewandte Balkonfront. Scherengitter-Balustraden und der Anstrich in Regenbogenfarben bieten einen einzigartigen Look von Geradlinigkeit und Konstruktivität, der sich im Inneren des Gebäudes fortsetzt. Lounge und Zimmer sind durchdacht und klar eingerichtet, man spürt die Philosophie junger Gastlichkeit.

Wenn man als Städtetourist drei Tage eincheckt, wozu braucht man eigentlich einen sperrigen Kleiderkasten? Hier gibt es weniger Stauraum, dafür mehr Platz zum Entspannen und Genießen. Detto in der Halle, die luftig konzipiert ist und von der aus der Gast mit hauseigenen Vespas direkt in die Stadt brausen kann. Am Wochenende herrscht hier besonders reges Treiben – das perfekte Frühstück steht für jedermann bereit, und die halbe Stadt gibt sich ein Stelldichein.

Die Lage in der Nähe des Bahnhofs war für das Haus im Zweiten Weltkrieg fatal – ein Bombenvolltreffer ließ nur eine Ruine zurück. Doch statt eintöniger Nachkriegsarchitektur wurde durch Georg Lippert ein »Wolkenkratzer« hochgezogen, der als Musterbeispiel gelungener Stadtplanung gilt.

In anderen Städten plagt man sich mit der Beseitigung grauslicher Plattenbauten, das zeitlose Daniel jedoch ist ein Fanal des Weitblicks und der Modernität.

Adresse Europaplatz 1, A-8020 Graz, Tel. +43 (0)316/711080, www.hoteldaniel.com | **Öffnungszeiten** Das Haus ist rund um die Uhr geöffnet. | **Anfahrt** Das Hotel befindet sich direkt beim Hauptbahnhof. | **Tipp** Zugleich Kontrapunkt zum hypermodernen Hauptgebäude und ein Relikt ist das Bahnhofspostamt.

18 Die Erlöserkirche

Sezession statt Neugotik

Wenn der Körper knackig ist und alle Organe wie am Schnürchen laufen, ist der Gedanke an den Tod weit, weit entfernt. Doch kaum beginnt es zu zwicken und zu zwacken, denkt der Mensch über seine Endlichkeit und sein Verhältnis zum Jenseits nach. Auf dem Areal eines Spitals, dem Ort der Heilung und des Leids zugleich, ist eine Kirche der Platz für innere Einkehr, stille Hoffnung und eine Brücke zur Spiritualität.

Als im 19. Jahrhundert das Landeskrankenhaus als damals größtes Spital Europas erbaut wurde, musste eine neue Kirche für Patienten und Klinikpersonal her, und der neugotische Stil galt hierfür eigentlich als opportun. Doch um die Jahrhundertwende trat der Jugendstil seinen Siegeszug an. Der Narrenturm in Wien, ein Gefängnis für Geisteskranke, wurde aufgelöst und die Klinik »Am Steinhof« gegründet. Die Architektur der Art nouveau war bahnbrechend, und als Tüpfelchen auf dem i baute der große Otto Wagner die Anstaltskirche zum heiligen Leopold. Diesen Bau nahm sich Architekt Karl Hupfer zum Vorbild, um zwischen den Pavillons der Grazer Klinik ein Zeichen des Glaubens und der Moderne zu setzen. Über eine Stiege gelangt man in das viereckige Kirchenschiff, das von zwei Türmen eingerahmt und einer mächtigen Kuppel geschlossen wird – ganz im Sinne der Sezession. Das Innere besticht durch ein zeitgenössisches Altarbild mit den 14 Stationen des Kreuzweges, die im Stile des italienischen Künstlers Donatello gestaltet wurden.

Als sakraler Ort und architektonisches Bijou zugleich zieht die Erlöserkirche neben den Patienten und Besuchern des Krankenhauses viele Schaulustige in ihren Bann. Wer ganz für sich über Diesseits und Jenseits nachsinnen will, sollte noch ein paar Schritte weiter in den Leechwald gehen. Hier findet man auf einer lauschigen Lichtung die Rita-Kapelle – ein Überbleibsel aus der Zeit vor dem großen Spitalsbau und magischer Ruheort.

Adresse Auenbruggerplatz 1, A-8036 Graz, auf dem Gelände des Landeskrankenhauses | **Öffnungszeiten** tagsüber zu besichtigen | **Anfahrt** Straßenbahnlinie 7 bis zur Endhaltestelle St. Leonhard fahren, der Eingangsbereich des Krankenhauses liegt direkt vor Ihnen – den Wegweisern folgen | **Tipp** Die ursprüngliche Krankenhausanlage stammt aus dem 19. Jahrhundert und ist als Gesamtkomplex sehenswert.

19 Die Ernst-Fuchs-Bar

Der Traum jeder Barfly

Kunstwerke finden sich vornehmlich in Galerien und Museen – im Palais Erzherzog Johann, an sich schon ein Prachtbau und Spitzenhotel, wird dem Gast dieser Genuss frei Haus geboten. Ernst Fuchs, der Altmeister des Phantastischen Realismus, schuf eine im wahrsten Sinne des Wortes »runde« Angelegenheit. Hier gibt es keine Kanten, an denen sich der Gast stoßen könnte, sondern nur weiche Formen, die den Besucher eintauchen lassen in eine andere Welt. Skulpturen, Grafiken, ein großes Wandbild, butterweiche Fauteuils und als Prunkstück die Bar erfüllen die wildesten Phantasien jeder noch so weit gereisten Barfly.

Oft wirken Hoteltresen ein wenig steril, doch hier sieht die Sache anders aus: Die Bar fügt sich geschmeidig in das Ambiente des gediegenen Hauses ein und wird auch von Einheimischen bienenfleißig besucht.

Ein Gesamtkunstwerk zu betrachten ist zwar schön und gut, doch die Kehle wird trocken und ruft nach flüssiger Nahrung. Glücklicherweise stehen die Spirituosen hier nicht zur Dekoration herum, sondern werden von den flinken Barkeepern zu wunderbaren Erfrischungen gemixt. Dem Genießer treibt es die Freudentränen in die Augen, wenn er die Karte studiert, denn hier vermischt sich ein internationales Angebot an Drinks mit Spezialitäten des Hauses – alles mit Können geschüttelt und gerührt.

Wer gerne auf Promijagd geht, ist in der Ernst-Fuchs-Bar bestens aufgehoben, denn hier genießen zahllose Stars und Sternchen ihre Drinks. Während des Filmfestivals DIAGONALE ist das Hotel mit Regisseuren und Schauspielern ausgebucht, die nach den anstrengenden Preisverleihungen an der Theke relaxen. Dann bekommt man als Otto Normalverbraucher nicht nur Mojito und Piña Colada, sondern auch Michael Haneke und Ulrich Seidl serviert. Wer weiß, vielleicht werden Sie durch cooles Lehnen an der Bar für eine Rolle im nächsten Hollywood-Blockbuster gecastet!

Adresse Sackstraße 3–5 im Hotel Erzherzog Johann, A-8010 Graz, Tel. +43 (0)316/811616, reception@erzherzog-johann.com, www.erzherzog-johann.com | **Öffnungszeiten** Mo–Sa 18–2 Uhr | **Anfahrt** vom Hauptplatz (wird von allen Straßenbahnlinien angefahren) in die Sackstraße gehen, das Hotel ist nicht zu übersehen | **Tipp** Die Sackstraße ist die Antiquitäten-Meile von Graz – flanieren und gustieren!

20 Der Feinkost Mild

Himmlischer Schweinsbraten

Greißlereien und Supermarktketten haben sich einen gnadenlosen Kampf geliefert, die Kleinen wurden von den Großen geschluckt und die Großen von den ganz Großen. Doch in letzter Zeit kommen immer mehr kleine Lebensmittelläden, die nah am Bürger agieren, wie zarte Pilze zum Vorschein.

Ein Geschäft hat alle Stürme überstanden und feiert in Zeiten der Rückbesinnung auf »small is beautiful« eine glorreiche Auferstehung – der Feinkost Mild.

In einer Retro-Atmosphäre vom Allerfeinsten sorgt die Familie seit drei Generationen für das leibliche Wohl der Gäste, Großmutter Rose ist eine der lebenden Legenden von Graz. Für zahllose Bewohner der Innenstadt ist sie nicht nur Geschäftsfrau, sondern auch Anlaufstelle für Herz und Gemüt – eine echte »Mamma della Città«. Der Schweinsbraten wird nach ihrem Geheimrezept hergestellt, und daraus werden Schwarzbrotsandwiches gemacht, die nur ein Attribut verdienen – himmlisch! In der Greißlerei gibt es alles für den schnellen Einkauf für zwischendurch und überhaupt, der Mittagstisch bietet feine, frische Sachen und ist jeden Tag rappelvoll. Richtig zur Sache geht es dann am Abend im Extrazimmer mit einer Bar aus den goldenen Sechzigern. Hier hat Enkel Thomas das Ruder übernommen und bietet Besonderheiten wie den Sandwich-Club und »Mild Goes Wild«: Bei Brötchen aus Eigenherstellung und g'schmackigen Burgern wird der alltägliche Abend zum Fest, Funk, Hip-Hop, House und Soul bringen die Greißlerei an zwei Freitagen im Monat zum Glühen.

Vor der Gesamtkomposition kann man nur den Hut ziehen, das ist das Konzept der Zukunft. Hoffentlich bekommt die Familie Mild ein paar Mitstreiter in den Innenbezirken – Leute, die mit Charme und Freundlichkeit ihre Kunden und Gäste überzeugen. Dann gibt es vielleicht wieder mehr Stadtbewohner, die ums Eck einkaufen und so der City eine Lebensspritze verpassen.

Adresse Stubenberggasse 7, A-8010 Graz, Tel. +43 (0)316/821355, www.feinkostmild.at | **Öffnungszeiten** Mo–Fr 6–15 Uhr, der Imbiss hat bis in die Nacht geöffnet | **Anfahrt** vom Jakominiplatz (wird von allen Straßenbahnlinien angefahren) in die Herrengasse gehen, die Stubenberggasse liegt linker Hand | **Tipp** Vor der Stubenberggasse erhebt sich die Marienstatue am Eisernen Tor – Sakralkunst in höchster Vollendung.

21 Der Felix-Dahn-Platz

Wahre Naherholung

Das wohl bekannteste Werk des Schriftstellers war sein »Kampf um Rom« – ein üppiger Roman über die Dekadenz der Antike und deren Ende in den Stürmen der Völkerwanderung. Der wortgewaltige Literat war vom Umfang seines Werkes ein Gigant des 19. Jahrhunderts – sein Œuvre umfasst zehntausende Seiten. Es ist ein weiter Weg von den mächtigen Wortkaskaden des Nordlichts Felix Dahn hin zu einem gemütlichen und heimeligen Park mitten im Herz-Jesu-Viertel von Graz. Ruhm und Glanz des Poeten sind vergangen wie das alte Rom, doch der nach ihm benannte Park blüht und gedeiht.

Die Gartenanlage ist an drei Seiten von Häusern umgeben, deren Ensemble aus den 1930er Jahren großteils erhalten geblieben ist – an der Stirnseite öffnet sich der Platz hin zur Technischen Universität und ist daher beliebter Entspannungsort für die Studenten. Von hochgewachsenen Allee-Bäumen gesäumt, ruht der Park quasi in sich selbst und bietet das Bild der idealen Naherholung für geplagte Städter.

Man geht vor die Tür, setzt sich auf eines der Bankerl, lässt die Beschaulichkeit auf sich wirken, und schon sind Hektik, Straßenlärm und Menschengewimmel weit weg. Rentner kommen auf einen Plausch zusammen, Kinder spielen, während ihre Eltern den neuesten Tratsch austauschen – kurzum: Hier trifft sich das gesamte »Grätzl«, und Besucher werden nicht als Fremde beäugt, sondern als Teil einer großen Familie wahrgenommen. Der Rasen ist nicht mit der Nagelschere geschnitten, und kein prächtiges Denkmal erinnert an den Namensgeber – statt Erhabenheit und Eleganz gibt es eine viel menschlichere Qualität: Die Atmosphäre und den Charme der Gemeinsamkeit. Besonderen Zauber verströmt der Platz im Winter: Während vielerorts die Christkindlmärkte boomen, liegt hier alles still unter einer weichen Schneeschicht – man stapft im Stillen und fühlt den Winter.

Adresse zwischen Mandellstraße und Uhlandgasse, A-8010 Graz | **Anfahrt** Straßenbahnlinie 3, an der Haltestelle Mandellstraße aussteigen, der Platz liegt linker Hand | **Tipp** Gleich gegenüber befindet sich die »Neue Technik« – ein Universitätsgebäude von hoher architektonischer Qualität.

22 Die Ferl-Weinstube

Tradition der Köstlichkeiten

»Es wird a Wein sein, und wir werd'n nimma sein.« Die legendäre Textzeile eines Wienerliedes offenbart die Seelenlage österreichischer Weinbeißer – tiefe Wahrheit paart sich hier mit purer Lebensfreude. Bei der Frage, wo man seine Achterln in artgerechter Umgebung und würdigem Ambiente fernab von Schickimicki-Gehabe in einer »richtigen« Weinstube genießen kann, macht man beim Ferl in der Burggasse die Punktlandung.

1950 eröffnete Familie Ferl dieses Wirtshaus, und gute 60 Jahre lang ist im positiven Sinn die Uhr angehalten worden. Schank und Gasträume verströmen einen gewissen Charme des Gestrigen, das dunkle Holz des Interieurs atmet Geschichte und Geschichten der Stadt. Gemütlichkeit und geselliges Zusammensitzen sind hier nicht Schlagworte, sondern gelebte Tradition. An den Wänden prangen das Gemälde »Weinlese unterm Klapotetz« und Porträts verflossener Filmstars; im Extrazimmer tagt jede Woche die Jägergemeinde der »Grünröcke« unter Geweihen und bemalten Schussscheiben. Patron Andreas Rosmann gibt die Devise aus: »Wir sind Herberge der Spätheimkehrer und Alltagsphilosophen.« Kredenzt werden hervorragender Welschriesling und Sauvignon Blanc vom Weingut Gründl, die Speisekarte ist schlichtweg zum Niederknien: Geröstete Leber, Schwammerlsuppe mit Heidensterz, Blunzgröstl und Gulasch sind ursteirische Gerichte, die taufrisch zubereitet jeden Kenner mit der Zunge schnalzen lassen.

»Es wird schöne Madln geb'n, und wir werd'n nimma leben«, so heißt es im zweiten Stanzl des Liedes. Wohl wahr – diese Weisheit sollte den wackeren Zecher nicht davon abhalten, im Hier und Heute nach den attraktiven Seiten des Lebens zu schauen. In lauen Nächten sitzt man mit Blick auf die Oper im Schanigarten, im Winter wärmen eine warme Stube und köstlicher Wein die Seele – wie heißt es so treffend: »Je später der Abend, umso schöner die Gäste!«

Adresse Burggasse 8, A-8010 Graz, Tel. +43 (0)316/812233, www.restaurant-rondo.at (vulgo Ferl-Weinstube) | Öffnungszeiten Mo–Fr 11–23 Uhr, Sa 11–16 Uhr | Anfahrt Straßenbahnlinien 1 und 7, an der Station Kaiser-Josef-Platz aussteigen, an der Oper vorbei über den Ring in die Burggasse gehen | Tipp Vor dem Weingenuss finden Sie Kunst in der Galerie Lendl in der Bürgergasse 4.

23 Das Forum Stadtpark

Kunstversuchsanstalt

Es begann, als das Ende nahe schien: 1958 wollten Künstler das leer stehende Stadtparkcafé in eine Kulturstätte umfunktionieren, der Magistrat drohte mit Abriss! Journalisten, Politiker und Kunstschaffende stemmten sich gegen die Bagger, und ein Wunder gelang – das Forum Stadtpark wurde mit der Ausstellung »Bekenntnis und Konfrontation« eröffnet. Diese einmalige Location mitten im Grünen galt von Anfang an als Kraftwerk der Szene und wandelte sich bald zur Zentrale der zeitgenössischen Kunst und Literatur in Graz.

Die Literaturzeitschrift »manuskripte« und das Avantgarde-Festival »steirischer herbst« wurden aus der Taufe gehoben und sorgten für manchen Skandal in einer Welt, die noch richtige Skandale kannte. Da landete Kuhmist vor Galerien und erregten Plakate mit entblößten Männerhintern die Gemüter … Lang, lang ist's her! Dieser legendäre Aktionismus und Avantgardismus ist in einer liberalen Gesellschaft kaum mehr vorstellbar. Die Zeiten sind ruhiger geworden und Bürgerschrecke wie Wolfgang Bauer, Peter Handke oder Gerhard Roth in die ewigen Literaturgründe eingegangen oder haben sich der Altersweisheit verschrieben.

Heute leitet Heidrun Primas das Forum als »Gesamtkunstsortenversuchsanstalt«. Durch Umbauten wurde das enge Gebäude aufgestockt. Das neue Geschoss mit Stahlträgerkonstruktion suggeriert Offenheit und betont die Bedeutung dieser Institution: Das Forum soll Plattform und Experimentierfeld für einen erweiterten Kulturbegriff sein. Literatur, bildende Kunst, Mode, Musik, Performance – auf drei Ebenen gibt es pro Jahr mehr als 150 Veranstaltungen, die den Grazer Kulturmotor antreiben.

Hier steht seit sechzig Jahren ein Kraftwerk der Kunst und der Zukunftsvisionen: Alle Beteiligten bemühen sich, Schwung und Energie in das Forum einzubringen – das Gebäude brummt und vibriert an allen Ecken und Enden!

Adresse Stadtpark 1, A-8010 Graz, Tel. +43 (0)316/827734, www.forumstadtpark.at | Öffnungszeiten Di–Fr 10–18 Uhr, Sa 14–18 Uhr | Anfahrt Buslinie 31, an der Station Zinzendorfgasse aussteigen und über das Glacis in den Stadtpark gehen | Tipp Gleich nebenan steht der Stadtpark-Pavillon – hier gibt es im Sommer Open-Air-Konzerte.

24 Der Frankowitsch

Sauerfisch und Pfiff

Wenn die Küche kalt bleiben soll und ein ausgedehntes Menü im Restaurant zu viel Zeit verschlingt, gibt es einen Ausweg, der an Genuss und Entspannung so manchen Drei-Sterne-Tempel in den Schatten stellt – den Frankowitsch! In den 1930er Jahren als winzige Brötchen-Stube gegründet, hat sich der Laden zu einer Institution gemausert, ohne ureigene Tugenden zu verlieren. Der Grundbelag jedes Brotes besteht aus einer unverwechselbaren Geheimrezeptur, an der sich sogar Chemiker großer Nahrungsmittelkonzerne die Zähne ausbeißen.

Das Geschäft besteht aus Patisserie, Delikatessenladen und der Brötchenbar, jede Abteilung für sich ist eine Offenbarung des guten Geschmacks. Hier werden nicht Nahrungsmittel gekauft oder »eingenommen«, sondern Gaumenfreuden aus kundiger Hand dem Genießer überreicht. Petits Fours, Mignons, Soufflés und handgemachte Pralinen lassen Schleckermäuler jubilieren, die pikante Abteilung bietet an Schinken, Käse und Wein alles, was das Herz begehrt. Doch an der Brötchenbar geht es wirklich zur Sache: Hinter den Tresen wuseln dienstbare Geister, um dem Strom der Hungrigen Herr zu werden – ein Snack beim Frankowitsch gehört zu Graz ebenso dazu wie der Schlossberg und das Rathaus! Vom Beinschinken mit Kren über Hummercocktail, Roastbeef, serbischen Aufstrich bis hin zu Spargel und Sauerfisch reicht die Palette – in Reih und Glied auf silbernen Tableaus warten die Brötchen darauf, mit einem Pfiff Bier oder einem Glas Welschriesling verputzt zu werden.

Bei all diesen lukullischen Freuden sticht dem Kenner ein Umstand ins Auge, der schon ans Unglaubliche grenzt. Überall wird gespart, und die Portionen werden kleiner. Hier wird bewusst antizyklisch gearbeitet: Die Brötchen sind definitiv größer geworden, Geschmack und Qualität dieser Kunstwerke aber gleich geblieben – wo findet man das in Zeiten der Austerität?!

Adresse Stempfergasse 2, A-8010 Graz, Tel.+43 (0)316/8222120, www.frankowitsch.at | **Öffnungszeiten** Mo – Fr 8.30 – 18.30 Uhr, Sa 8.30 – 17 Uhr | **Anfahrt** Vom Hauptplatz (wird von allen Straßenbahnlinien angefahren) geht man in die Herrengasse, die Stempfergasse liegt mittig linker Hand. | **Tipp** Durch die Enge Gasse kommen Sie auf den Glockenspielplatz – hier tanzt ein Trachtenpärchen in luftiger Höhe.

25 Das Freiblick

Sitting on Top of the World

Wenn alte Bausubstanz verändert wird und neuer Architektur Platz macht, kann die Sache heikel werden, denn Schandflecke in Glas und Beton sind schwer aus dem Stadtbild zu tilgen. Ein gottlob gelungenes Beispiel ist die Neugestaltung des Kaufhauses Kastner & Öhler in der Sackstraße – hier wurde das ursprüngliche Gebäude renoviert und der Dachlandschaft von Graz ein futuristisches Highlight aufgesetzt.

Der Einkaufspalast bietet auf mehreren Etagen ein Paradies für Shopping-Fans, hier gibt es Mode & Co. in gigantischen Dimensionen. Zum Ausgleich für den »anstrengenden« Beutezug durch die Modewelt fährt man mit der Rolltreppe ins Rooftop und belohnt sich im Freiblick mit besonderen Genüssen.

Hier kann der Gast die schweren Taschen abstellen und beim Frühstück in stilsicherer Umgebung auf elegante Modeschöpfer treffen. Serviert wird es bis in die späten Nachmittagsstunden, der Einfallsreichtum und die Kreationen des Küchenchefs sind wirklich beeindruckend. Namenspatrone wie Coco Chanel, Karl Lagerfeld, Jean Paul Gaultier und Christian Dior bieten Gaumenfreuden, die auf Person und Stilrichtung abgestimmt sind und den Gast in die Haute-Couture-Metropolen entführen. Baristas brühen perfekten Kaffee, Patissiers zaubern süße Versuchungen, steirische Schmankerln und kühle Drinks runden den Tag »Top of the World« ab. Einkaufs-Profis schlagen hier ihr Basislager auf: shoppen, im Freiblick ausruhen, shoppen …

Nicht umsonst hat die Location einen über das alte Dach ragenden Balkon zu bieten: Von hier aus öffnet sich die Innenstadt bis hinauf zum Uhrturm, der Gast genießt den wohl schönsten Blick auf Graz. Das Feine daran ist die Wechselwirkung, denn vom Schlossberg aus bietet das Kaufhausdach eine ebenso grandiose Kulisse. Zwei Zeichen der Moderne und Tradition – ein Spaziergang zwischen den beiden Punkten ist dringend anzuraten.

Adresse Sackstraße 7, A-8010 Graz, im Kaufhaus Kastner & Öhler, Rooftop, Tel. +43 (0)316/835302, freiblick@eckstein.co.at, www.freiblick.co.at | **Öffnungszeiten** Mo–Fr 9.30–19 Uhr, Sa 9.30–18 Uhr | **Anfahrt** vom Hauptplatz (wird von allen Straßenbahnlinien angefahren) in die Sackstraße hineingehen, das Kaufhaus liegt linker Hand | **Tipp** In der Paradeisgasse 1 gibt es das Delikatessengeschäft »Alles Käse«, wo dem Affineur jeder Wunsch erfüllt wird.

26 Die Fresken im Attems

Die Affen sind los!

Jedes Jahr, wenn die Blätter fallen, beginnt es in der Sackstraße gewaltig zu rumoren: Der »steirische herbst« öffnet in Graz seine Pforten, und das Büro im altehrwürdigen Palais Attems wird zur Drehscheibe des Festivals. Es geht zu wie im Bienenstock, besser noch im Affenhaus. Vielleicht hatte Graf Ignaz Attems im 18. Jahrhundert eine Zukunftsvision: Ein Prunkstück des Stadtschlosses ist der Affensaal mit seiner lebendigen Darstellung eines »Rumble in the Jungle«.

Die Familie stammt ursprünglich aus dem Friaul und übersiedelte nach Graz, wo sie in der Sackstraße das schönste Barockpalais der Steiermark errichten ließ. Das in einem Zuge erbaute Stadtschloss ist weitgehend erhalten und vom oberitalienischen Stil jener Zeit geprägt. Ehemalige Wohn- und Repräsentationsräume derer von Attems bestechen durch höchste Qualität ihrer Ausstattung. Prachtvolle Louis-seize-Öfen, Monumentalgemälde als Spiegel österreichischer Geschichte und phantastischer Deckenstuck sind würdiger Rahmen für einzigartige Fresken. Meister Franz Carl Remp schuf allegorische Werke, in deren Zentrum die Götter Merkur, Apoll und Abundantia stehen. Rund um sie tummeln sich in zwei Sälen bunte Vögel und wilde Affen – typisch für die im Barock beliebte Groteskenmalerei. Die bronzierten Primaten sind in Halbplastik gearbeitet: Bei genauer Betrachtung hat man das Gefühl, dass sie jeden Moment die Wände herunterkraxeln!

Für die Hauptquartiere von »styriarte« und »steirischer herbst«, den beiden Kulturflaggschiffen der Steiermark, konnte kein besserer Platz gefunden werden. Die Grafen Attems waren das wohl kunstaffinste Geschlecht des Landes und verfügten in ihrem Haus über grandiose Schätze menschlicher Schaffenskraft. Tempora mutantur, die Zeiten ändern sich: Der Reichtum ist verblichen, die Sammlung dahingeschmolzen – doch barocke Fresken künden heute noch vom feinsinnigen Geschmack der Blaublüter.

Adresse Sackstraße 17, A-8010 Graz | **Öffnungszeiten** Das Palais ist während des »steirischen herbstes« (www.steirischerherbst.at) und der »styriarte« (www.styriate.com) geöffnet. | **Anfahrt** Vom Hauptplatz (wird von allen Straßenbahnlinien angefahren) in die Sackstraße hineingehen. Das Gebäude liegt linker Hand. | **Tipp** Gleich ums Eck schwimmt die Murinsel des berühmten Architekten Acconci.

27 Der Friedensstupa

Mehr Gelassenheit im Volksgarten

Graz und der tibetische Buddhismus können gut miteinander. Dreimal bereits hat der Dalai Lama, das geistliche Oberhaupt der Tibeter im Exil, die steirische Landeshauptstadt besucht. 2002 brachte seine Heiligkeit 10.000 Anhänger aus 70 Nationen an die Mur, um mit ihnen das tibetisch-buddhistische Weltfrieden-Ritual Kalachakra zu feiern. Der damalige Bürgermeister sprach angesichts der einzigartigen Stimmung beim Weltbuddhistentreffen – und vielleicht auch aufgrund der wirtschaftlichen Nebeneffekte – von einem Segen für die Stadt.

Auch der Friedensstupa im Volksgarten kündet von religiöser Offenheit. 1998 erlebte der imposante Sakralbau seine Einweihung – und zwar als erster Stupa, der auf öffentlichem Grund in Österreich errichtet werden durfte. Nicht nur wegen seiner Höhe von beinahe sieben Metern geht von dem Bauwerk eine starke Präsenz aus. Seine typische vom »Thron« (unterste Stufe) emporstrebende Form versinnbildlicht den Aufstieg zur vollen Erleuchtung nach der Lehre Buddhas. Eine Bekrönung aus einem Halbmond, einem Kreis (Symbol für die Sonne) und einer Flammenspitze bildet den Abschluss. Seine heilsame Kraft verdankt der Stupa gesegneten Gegenständen, mit denen er anlässlich der Einweihung befüllt wurde, wird im buddhistischen Zentrum She Drup Ling erklärt. Auch für Nicht-Buddhisten gelte es als glückverheißend, Lichtwerk, Räucherstäbchen oder Blumen darzubringen und das Monument im Uhrzeigersinn zu umrunden.

Vielleicht ist es das Bildnis Buddhas, das einem aus einer Nische entgegenblickt, vielleicht sind es die aufgemalten Augen, die einen bei einer Umrundung begleiten, vielleicht die tibetischen Gebetsfahnen, die die Aura des Exotischen verstärken, oder vielleicht ist es ganz einfach die Ruhe, die den Stupa umgibt. Auf jeden Fall hat man als Volksgarten-Besucher bald den Eindruck, dass es hier eine Spur gelassener zugeht als im Rest des Parks.

Adresse Volksgarten, A-8020 Graz | **Öffnungszeiten** ganzjährig frei zu besichtigen | **Anfahrt** Straßenbahnlinien 1, 6 und 7, an der Haltestelle Esperantoplatz aussteigen und über Strauchergasse und Hanuschgasse in den Garten gehen | **Tipp** Dialog ist auch das Ziel der Esperanto-Bewegung – werfen Sie einen Blick auf das Esperanto-Denkmal am gleichnamigen Platz. Meditations- und Yogakurse sowie weitere Angebote für spirituell interessierte Menschen bietet das buddhistische Zentrum She Drup Ling in der Griesgasse 2 an (www.shedrupling.at).

28 Das Füllfederhaus Störtz

Alles außer Papier!

Kennen Sie den SMS-Daumen? Dabei handelt es sich um eine Schwellung, die durch exzessives Bearbeiten der Handytasten hervorgerufen wird. Wer bei derlei Zivilisationsübeln die Stirn in Runzeln legt, dem sei ein Besuch im Hause Störtz angeraten: Hier werden Schreibgeräte verkauft, deren Schönheit und Eleganz jeden hartgesottenen »Nerd« schwach werden lassen – ein Hort des geschriebenen Wortes.

1918 wurde das Geschäft gegründet, und sogenannte Versenkfüllhalter waren der erste Verkaufsschlager. Ursprünglich ein Geschenk an treue Kunden, wollte diese neuartigen Füller plötzlich jeder haben! Das Sortiment wurde ständig ausgebaut und erneuert, doch Ambiente und Einrichtung sind original erhalten. Jeder Zentimeter ist der feinen Ware angemessen und fügt sich perfekt zu einem runden Ganzen. Schwarz intarsiertes Kirschholz umfasst Vitrinen, in denen Edelfedern von Mont Blanc, Lamy, Pelikan und Faber Castell ruhen. Wolf Lang hat 1977 das Ruder übernommen und die Tradition des Hauses beibehalten. »Wir führen alles, was mit Schreibkultur zusammenhängt – Füllhalter, Kugelschreiber, Faserstifte, Minen, Tinte. In jeder Preiskategorie und – ganz wichtig – unser Sortiment muss reparierbar sein!« Persönliche Wünsche sind nicht Last, sondern Auftrag; Gravuren und Sonderbestellungen an der Tagesordnung. »Es klingt vielleicht exotisch, doch einen Posten suchen Sie in unserem Angebot vergeblich – nämlich Papier.«

Viele Firmen, die Schreibgeräte vom Feinsten hergestellt haben, sind heute verschwunden, und Händler haben einen schweren Stand. In Mitteleuropa ist das Füllfederhaus Störtz so etwas wie der letzte Mohikaner und hält die Tintenfahne unverdrossen hoch. Man kann nur hoffen, dass es immer genügend Individualisten gibt, die auch in Zukunft zum Füllhalter greifen. Es wäre allzu schade, wenn dieses Über-das-Papier-Schwingen und sanfte Kratzen der Feder für immer verklänge.

Adresse Radetzkystraße 4, A-8010 Graz, Tel. +43 (0)316/829501, stoertz.lang@yahoo.de | **Öffnungszeiten** Mo–Fr 9–13.30 und 14.30–18 Uhr, Sa 9–13 Uhr | **Anfahrt** vom Jakominiplatz (wird von allen Straßenbahnlinien angefahren) in die Radetzkystraße gehen, das Geschäft liegt rechter Hand | **Tipp** Schräg gegenüber finden Sie die Konditorei Deutsch – Mehlspeisen vom Meister persönlich.

29 Die Galerie »art moments«

Kosmos des Menschen

Ende der 1980er Jahre waren die Vereinigten Staaten Nabel der Kunstwelt und Marion Fischer als blutjunge Studentin Gast in New York und Miami. Der Großmeister Andy Warhol hatte ein beeindruckendes Œuvre hinterlassen, heutige Stars wie Romero Britto standen am Anfang ihrer Karriere.

Dieser Bildersturm der Pop-Art hatte Konsequenzen – Fischer begann, sich intensiv mit figuraler und ausdrucksstarker Malerei auseinanderzusetzen und machte bald ihre Passion zum Beruf. Heute betreibt sie Galerien in Wien und Graz, die Neo-Pop-Artisten präsentieren.

Hinter der breiten Glasfront in der Bürgergasse öffnet sich ein Kosmos der Malerei: Hier werden große Arbeiten von Andreas Reimann ausgestellt, die Ikonen des 20. Jahrhunderts wie Romy Schneider und Marlene Dietrich porträtieren. Ein weiterer Shooting-Star der Szene und Schützling von Marion Fischer ist Markus Kravanja. Seine schlanken Figuren mit riesengroßen Augen ziehen den Betrachter magisch in ihren Bann, die dichten Farbkompositionen erzeugen Tiefe und Dynamik. Geradezu zart und fein ziseliert die Werke des Italieners Corrado Zeni – Spaziergänger in Bewegung, mit wenigen Strichen angedeutet vor neutralem Hintergrund. »Mich faszinieren Menschen in all ihren Facetten und Künstler, die sich auf deren Darstellung konzentrieren. Ich will Formen und Gesichter sehen, das Abstrakte überlasse ich anderen«, sagt Fischer.

Frauen im Galeriebetrieb sind eher die Ausnahme von der Regel, »art moments« ist der beste Beweis, dass eine weibliche Hand und feminines Bewusstsein starke Akzente setzen können. In Zukunft werden Künstlerinnen öfter die Chance bekommen, in der Bürgergasse ihr Können der Öffentlichkeit zu präsentieren: »Frauen haben eine besondere Sicht auf die menschliche Natur und den menschlichen Körper – es ist eine reizvolle Aufgabe, als Vermittlerin dieser Eindrücke in Erscheinung zu treten.«

Adresse Bürgergasse 5, A-8010 Graz, Tel. +43 (0)664/1000171, marion.fischer@artmoments.at, www.artmoments.at | Öffnungszeiten Mo–Fr 10–13 und 15–18 Uhr | Anfahrt vom Jakominiplatz (wird von allen Straßenbahnlinien angefahren) über die Herrengasse in die Sackstraße gehen und von dort in die Bürgergasse abbiegen | Tipp Auf der anderen Straßenseite gibt es die winzige Trattoria Gerry – ihre Atmosphäre ist aber riesengroß!

30 Die GardeRobe

Edle Patina statt secondhand

Wenn der Kleiderschrank überquillt, muss der Weg nicht automatisch zum Altkleider-Container führen – in der Frauengasse bekommt man sogar noch Bares für edle Klamotten. Marion Wahlhütter hat das ehemalige Thonet-Geschäft zu einem Laden umgewandelt, der den Begriff Secondhand neu definiert und als Goldgrube für Modefreaks gilt.

Haute Couture und Designertaschen sind wunderschöne Kunstwerke, haben aber einen großen Nachteil – sie sind für den Normalsterblichen praktisch unbezahlbar. Um in pluralistischen Zeiten einen Ausgleich herzustellen zwischen Geldadel und modebewusstem Volk, bedarf es einer Nahtstelle wie der GardeRobe. Auf zwei Etagen werden hier fein verarbeitete Stoffe umgeschlagen: Leute, die immer das Neueste brauchen, bringen ihre Vorjahrsmodelle zu Frau Wahlhütter, Mode-Aficionados mit weniger Nullen auf dem Konto erfreuen sich an Glanz und Qualität der erworbenen Must-haves. Wer an den wohlbestückten Kleiderstangen entlangflaniert, fühlt sich in ein Pariser Modehaus versetzt: Von Valentino über Dior und Armani zu Jil Sander gibt es alles für Herrschaften, die das Besondere lieben. Doch der Schrein, das Allerheiligste, ist die Taschenabteilung – Damenaugen glühen, wenn zartes Leder, genäht von Chanel und Hermès, in ihren Händen ruht. Das Beste daran ist der Preis – zum Erwerb ist weder ein Bankraub noch ein Hypothekarkredit nötig!

Vintage ist das Zauberwort: In der Vergangenheit veredelte dieser Begriff große Weine, mittlerweile ist er ein Synonym für exquisite Mode mit diesem gewissen Etwas und einer feinnervigen Patina. Einige englische Lords haben schon vor langer Zeit den Wert geschmeidig sitzender Kleidung zu schätzen gewusst: Ihre Kammerdiener hatten die gleiche Konfektionsgröße und durften Anzüge und Black Ties aus der Savile Row eintragen – danach zwickte und zwackte es an keiner Naht, und alles saß wie eine zweite Haut.

Adresse Frauengasse 3, A-8010 Graz, Tel. 43 (0)316/814312, www.garderobe-secondhand.at | **Öffnungszeiten** Mo–Fr 10–13 und 14–18 Uhr, Sa 10–14 Uhr | **Anfahrt** von der Herrengasse (liegt zwischen Jakominiplatz und Hauptplatz, alle Straßenbahnlinien halten hier) in die Jungferngasse und die Frauengasse einbiegen | **Tipp** Um die Ecke in der Herrengasse steht das Hauptgebäude einer Bank – Fassade und Kassenraum sind ein klassizistisches Ensemble.

31 Das Golden-Nugget-Haus

Ich will Aufmerksamkeit!

Graz ist ein guter Boden für zeitgenössische Architektur – davon künden aufsehenerregende Projekte wie das Kunsthaus, die künstliche Murinsel von Vito Acconci und lässige Universitätsgebäude ebenso wie innovative Büro- und Wohnbauten. Doch nur wenige Beispiele moderner Baukunst stellen sich so in die Auslage wie das Golden-Nugget-Haus in der Grazbachgasse. Hier vermittelt dem Betrachter schon allein die Fassade höchste Wertigkeit. Ein Kleid von goldfarbenen Rhombusschindeln (aus einer Kupfer-Aluminium-Legierung) umhüllt den Bau, selbst am Dach glänzt es. Wie ein kleiner Goldklumpen hat er sich zwischen zwei Gründerzeithäuser gezwängt und signalisiert: Ich will Aufmerksamkeit!

Lässt man den Blick über die Fassade schweifen, so muss man den ersten Verdacht von billiger Effekthascherei revidieren. Überraschend harmonisch fügt sich das ungewöhnliche Büro- und Wohnhaus in unmittelbarer Nähe zur Altstadt in die Nachbarschaft ein und tritt den Beweis an, dass Alt und Neu bestens miteinander können. Weder tanzt es höhenmäßig aus der Reihe noch durch seinen goldenen Grundton. Dieser findet sich in der Farbgruppe der angrenzenden Häuser wieder und verbindet die verschiedenen Baustile zu einem Ensemble.

Die Farbwahl hat auch mit den Bauherren zu tun. INNOCAD heißt das Architekturbüro, das den Golden Nugget ausgeführt hat und ihn seither auch als »dreidimensionale Visitenkarte« nutzt. Die Farbe Gold ist bestimmendes Element der Corporate Identity des Unternehmens. In den ersten beiden Geschossen sind Büros untergebracht, die Stockwerke darüber – und das Hofgebäude – werden als Wohnbereiche genutzt. Das konzeptbeherrschende Thema spielt auch bei der Innengestaltung eine Rolle, so erkennt man durch die Fensterfronten etwa gold gestrichene Gipskartonwände. Und wer Einlass in den Golden Nugget begehrt, drückt selbstverständlich auf einen goldenen Klingelknopf.

Adresse Grazbachgasse 65a, A-8010 Graz, Tel. +43 (0)316/710324, www.innocad.at | Öffnungszeiten nur von außen zu besichtigen | Anfahrt vom Jakominiplatz (wird von allen Straßenbahnlinien angefahren) in die Schönaugasse und Grazbachgasse gehen, das Gebäude liegt linker Hand | Tipp Einblicke in das zeitgenössische Architekturschaffen der Stadt bietet das Haus der Architektur in der Mariahilferstraße 2 (www.hda-graz.at, Di–So 10–18 Uhr). Auch mit dem Spezialguide für zeitgenössische Architektur, erhältlich bei Graz Tourismus, ist man gut für eine Entdeckungsreise gerüstet.

32 Das Gottesplagenbild

Ein Comic aus dunklen Zeiten

Man muss die Nase dicht an das Glas halten, um eines der faszinierendsten Zeitdokumente und Kunstwerke aus dem mittelalterlichen Graz genauer in Augenschein nehmen zu können: das Gottesplagen- oder Landplagenbild an der Südwand des Doms. In comicartigem Stil erzählt das Fresko vom Katastrophenjahr 1480. Spruchbänder dokumentieren das Flehen der Grazer Bürger, Gnade walten zu lassen, denn die »Plagen« wurden damals als göttliches Strafgericht aufgefasst.

Als Blitzeschleuderer stellte Thomas von Villach, einer der bedeutendsten Künstler der Spätgotik im Alpenraum, im oberen Bildteil Gottvater dar. Unter dem göttlichen Donnerwetter gruppierte der Maler, einem Triptychon gleich, Eindrücke der Plagen, die Graz in einem einzigen Jahr heimsuchten. Links die Schwärme afrikanischer Wanderheuschrecken, die in solchen Massen auftraten, dass Äste unter ihrem Gewicht abbrachen. Im rechten Bildteil spielt der Schwarze Tod die Hauptrolle; die erhalten gebliebenen Freskofragmente zeigen Särge und Pesttote, die aus ihren Häusern getragen werden.

Als schlimmste Heimsuchung empfanden die Grazer die in der Bildmitte dargestellten Einfälle osmanischer Reiterverbände. An ihren Turbanen sind die »Renner und Brenner« zu identifizieren, die in der zweiten Hälfte des 15. Jahrhunderts die südöstliche Flanke des Habsburgerreiches unsicher machten. In Flammen stehende Häuser zeigt das Gottesplagenbild sowie ein für die damalige Malerei ungewöhnliches Detail: Thomas von Villach versah den Hintergrund mit einem Panorama von Graz, das als älteste erhaltene Stadtansicht gilt. Tore, Befestigungen und der Schlossberg sind zu erkennen. Vor gut zehn Jahren wurden die Freskofragmente aufwendig restauriert. Eine kleine Plage bildet heutzutage die Art der Präsentation hinter einem Glasschutz: Die Reflexionen lassen all die interessanten Details zu wenig zur Geltung kommen.

Adresse Grazer Dom, Burggasse 3, A-8010 Graz, www.domgraz.at | **Öffnungszeiten** ganzjährig frei zu besichtigen | **Anfahrt** vom Hauptplatz (wird von allen Straßenbahnlinien angefahren) in die Sporgasse und Hofgasse gehen, das Bild ist an der Südseite des Doms, links vor dem Mausoleum, zu finden | **Tipp** Besuchen Sie den Dom – zu seinen größten Kunstschätzen zählen zwei vom italienischen Renaissance-Meister Andrea Mantegna gestaltete Brauttruhen mit kostbaren Elfenbeinreliefs.

33 Die Gottscheer Gedenkstätte

Zeichen einer verwehenden Kultur

Entwurzelung und Neubeginn, Vertreibung und Bewahren der Identität sind im Lauf der Geschichte vielen Volksgruppen abverlangt worden. Die Gottscheer waren im 13. Jahrhundert aus dem Süddeutschen ins Herzogtum Krain im heutigen Slowenien ausgewandert und bildeten für 600 Jahre eine sprachliche und kulturelle Insel. Durch die Wirren des Zweiten Weltkrieges in alle Winde zerstreut, entstand in der Steiermark eine Landsmannschaft, die bis heute versucht, die Traditionen und Gepflogenheiten ihrer Kultur zu bewahren.

Unweit der Wallfahrtskirche Maria Trost steht der sakrale Zweckbau aus den 1960er Jahren, eine in den Hang gebaute Kapelle mit Spitzdach und Mosaikverglasung. Zur ebenen Erde können im Licht der bunten Steine Gottesdienste abgehalten werden, die in den Berg gehauenen Untergeschosse dienen als Versammlungsraum und Museum der langen Gottscheer-Geschichte.

Die Eigenständigkeit und tiefe Verwurzelung mit ihrem ehemaligen Heimatboden erkennt der Besucher am liebevollen Arrangement einer kleinen »Gottscheer Welt«: Rund um eine typische Bauernstube werden Trachten und kunstvolle Handarbeiten präsentiert, in Schaukästen kann man anhand von Dokumenten und Bildern nachempfinden, wie die Gottscheer im Herzogtum Krain gelebt haben. Damals umfasste ihr Siedlungsgebiet fast 1.000 Quadratkilometer und 200 Ortschaften, in denen sie ihre Äcker bestellten und Kleinhandel trieben.

Jedes Jahr im Juli findet eine Wallfahrt nach Maria Trost statt. Vor der Kirche versammeln sich Gottscheer von allen Kontinenten und gedenken der versunkenen Welt ihrer Vorfahren – Erinnern als Weitertragen des Feuers und nicht Anbeten der Asche. Doch es kommt leise Trauer auf, denn die Schar der Getreuen schwindet. Der Begriff »Gedenkstätte« wird wohl bald seinen ureigenen Sinn bekommen.

Adresse Gottscheer Straße, A-8044 Graz | Öffnungszeiten Das Gebäude ist nur von außen zu besichtigen. | Anfahrt Straßenbahnlinie 1 bis zur Endhaltestelle Mariatrost fahren, auf den Kirchberg und danach rechts auf die Gottscheer Straße gehen, das Gebäude liegt linker Hand | Tipp Nach einem Spaziergang durch den Leechwald kommt man zum »Häuserl im Wald« – ein Gasthaus, ideal zum Rasten.

34 Der Governors Room

Back to the Apfelstrudel-Roots

Im schönen Thal bei Graz geboren, begann Klein-Arnie seinen Körper zu formen, da er ein dünnes Hemd war – was man heute kaum glauben kann. Die Muskeln wuchsen zu Bergen, und im Handumdrehen wurde aus einem schmalbrüstigen Steirer der Titan des Bodybuildings: Arnold Schwarzenegger.

Seine Lebensgeschichte ist *die* Grazer Legende schlechthin, in Hollywood ließ er als »Terminator« die Knochen seiner Feinde knacken und wurde zur Ikone des Action-Kinos. 2003 wählte Kalifornien ihn zum Gouverneur und setzte damit einer amerikanischen Bilderbuchkarriere die Krone auf. Doch bei allen Erfolgen schlummert eine Sehnsucht tief in seinem Herzen – Apfelstrudel made in Austria. Zu Lebzeiten seiner geliebten Mutter Aurelia tischte sie ihm bei Heimatbesuchen diese Köstlichkeit auf, nach ihrem Dahinscheiden wurde Arnold im Café Kaiserfeld fündig. Sein alter Freund, der Fotokünstler Ferdinand Krainer, welcher in Hollywood eine Vielzahl von Schwarzenegger-Shootings machte, hatte den Gouverneur eines Tages in das wunderbare Grand Café entführt. Arnold war begeistert vom imperialen Ambiente und den phantastischen Mehlspeisen des Hauses – und Cafetier Rudi Lackner hocherfreut über den Star-Appeal aus Hollywood. So entstand ein Extrazimmer, das mit Kunstwerken Krainers und Erinnerungsstücken der »Steirischen Eiche« ausgestattet ist und einer Weihestätte dieses großen Sohnes der Stadt gleichkommt.

Doch anders als im künstlichen und sterilen Hollywood gibt es im Governors Room nicht nur museale Stücke zu bewundern, sondern echte Ober servieren richtigen Menschen hausgemachten Apfelstrudel. Hat man das Glück, bei einem der gar nicht so seltenen Besuche Arnies Gast im Kaiserfeld zu sein, wird man Zeuge eines weiteren Phänomens: Auf den roten Teppichen dieser Welt wuselt es von Bodyguards und Paparazzi – hier herrscht die Gemütlichkeit und Privatsphäre einer Stammtischrunde.

Adresse Kaiserfeldgasse 19–21, A-8010 Graz, Tel. +43 (0)664/5951004, www.kaiserfeld.blog.com | **Öffnungszeiten** Mo–Fr 7.30–22 Uhr, Sa 8.30–18 Uhr | **Anfahrt** vom Jakominiplatz (wird von allen Straßenbahnlinien angefahren) in die Herrengasse gehen, die erste Abzweigung links ist die Kaiserfeldgasse | **Tipp** In der Raubergasse 14 haben zwei Künstlerinnen das »Atelier Soma« eröffnet: Bilder, Möbel, Taschen – alles von eigener Hand gefertigt.

35 Die Grazer Synagoge

Erinnerung in Stein und Glas

Ein dunkler Schatten liegt seit acht Jahrzehnten auf der Stadt – in der »Reichskristallnacht« vom 9. November 1938 wurde die jüdische Synagoge niedergebrannt und das Grundstück eingeebnet, um die Erinnerung an die mosaische Gemeinschaft auszulöschen. Graz als »Stadt der Volkserhebung« tat sich bei der Verfolgung von Juden unrühmlich hervor und wurde zur ersten »judenfreien« Großstadt der Ostmark erklärt. 60 Jahre erinnerte ein schlichter Gedenkstein an die Katastrophe dieser Tage, bis eine neue Synagoge am alten Platz erbaut wurde.

Von außen besteht das Gebäude aus mächtigen Würfeln und Kugeln, gebaut aus Ziegeln, Stahlbeton und Glas. Zwölf Stahlsäulen, welche die Stämme Israels repräsentieren, stützen die Konstruktion und vereinen sich in der Kuppel paarweise zu einem Davidstern. Das fünfteilige Glasdach steht für die Bücher Mose im ersten Testament, in Sandstrahltechnik wurden Verse aus den Büchern Genesis, Exodus, Leviticus, Numeri und Deuteronomium eingefräst. Zentrum des Gebetsraumes ist ein gläserner Almemor, ein Altar, auf dem die Thora vorgelesen wird – die Sitzplätze sind an drei Seiten um diesen »Bima« angeordnet. Das Allerheiligste – die Lade mit den Thorarollen – befindet sich zwei Stufen höher in einer gen Osten gerichteten Nische. Im Untergeschoss, dessen Außenwände teilweise aus alten Mauerresten bestehen, finden Veranstaltungen statt, die jüdische Kultur lebendig machen und bei denen Mitglieder anderer Konfessionen herzlich willkommen sind.

Der Bau mit seiner dominierenden Glaskuppel ist der alten Synagoge nachempfunden und soll Mahnmal und Hoffnung zugleich symbolisieren. Die Einfriedung ist das wohl eindringlichste Zeichen der heutigen Verbundenheit mit den jüdischen Mitbürgern. 9.600 Ziegel des alten Gebäudes wurden wiederentdeckt und durch Grazer Schüler gereinigt und renoviert – als Symbol der Abbitte einer neuen Generation für die Untaten einer dunklen Zeit.

Adresse David-Herzog-Platz 1, A-8020 Graz, www.ikv-graz.at | Öffnungszeiten Einlass ab 18.30 Uhr (Beginn 19 Uhr) – um Voranmeldung unter office@ikv-graz.at wird gebeten (für die Eingangskontrolle bitte einen Lichtbildausweis mitnehmen) | Anfahrt Buslinie 39, an der Station Griesplatz/Zweiglgasse aussteigen und Richtung Mur gehen. Die Synagoge liegt rechter Hand. | Tipp Der Griesplatz ist Multikulti pur – hier macht man bei einem Auslagenbummel eine kleine Weltreise!

36 Der Grazer Urwald

Komplettes Vegetationschaos am Stadtrand

Zugegeben: Urwald ist ein stolzes Wort. Man denkt an Lianen und Würgfeigen, an umgestürzte Baumriesen, an Modergeruch und 99 Prozent Luftfeuchtigkeit, die das Schwingen der Machete zur Tortur machen. Ein Tarzan, der sich von Urwaldgigant zu Urwaldgigant schwingt, ist auch keiner zu sehen. Insofern ist der Grazer Urwald recht zahm. Doch es ist eine ganz spezielle Öko-Insel, die sich am Messendorfberg erstreckt – mit einer Pflanzenwelt, wie man sie hierzulande sonst nicht zu sehen bekommt.

Schon von Weitem signalisiert ein gut 30 Meter hoher Mammutbaum, dass auf diesem Areal Ungewöhnliches zu erwarten ist. Bei einem weiteren der Sequoia-Giganten aus Kalifornien führt ein Weg in ein abgezäuntes Areal. Gleich die nächste Überraschung: Ein Bambushain mit meterhoch wachsenden Halmen setzt einen asiatischen Kontrast. Je tiefer man in den Urwald eintaucht, desto exotischer wird es. Sichel- und Schirmtannen aus Japan sind ausgeschildert, aus Nordamerika fanden Zaubernussbäume und Weihrauchzedern ihren Weg an den Messendorfberg, und dass auch die Tränenkiefer nicht aus heimischen Wäldern stammt, bemerkt man an den riesigen Zapfen.

Die Bewohner des kosmopolitischen Urwalds wurden ihrem Schicksal überlassen, als die einst hier beheimatete Baumschule im Zuge der Weltwirtschaftskrise in den 1930er Jahren schließen musste. Die botanische Vielfalt übt auf Vögel einen besonderen Reiz aus, wie unschwer zu hören ist. Auf einem halbstündigen Spaziergang kann man aber mit etwas Glück auch Rehe beobachten; oder Eichhörnchen, die sich eine wilde Verfolgungsjagd liefern. Das Hängebauchschwein, das einen angrunzt, gehört allerdings zu Giovannis Garden nebenan. Heute nützt die Österreichische Naturschutzjugend den Grazer Urwald als waldpädagogisches Refugium und als Abenteuerspielplatz. Wenn dem Besucher also Indianer über den Weg laufen, so stammen sie ziemlich sicher aus der Gegend.

Adresse Messendorfberg 61, A-8010 Graz-St. Peter | **Öffnungszeiten** ganzjährig frei zugänglich | **Anfahrt** Straßenbahnlinie 6 bis zum Schulzentrum, Buslinie 68 bis Haltestelle Messendorfberg und nach rechts gehen bis zum Haus Messendorfberg 61 | **Tipp** 50 Meter weiter (Messendorfberg 65) liegt Giovannis Garden, wo man unter anderem prachtvolle Rosen zu sehen bekommt. Stärkung nach der Urwaldexpedition verheißt der St.-Peter-Bergwirt in der Petersbergenstraße 100 (Tel. +43 (0)316/465514, geöffnet Mi–So).

37 Die Gruabn

Der »Rrroar« aus zehntausend Kehlen

Heute fristet der Fußballclub Sturm Graz ein eher schwachbrüstiges Dasein – mehr als der Ligaerhalt ist momentan nicht drin. Doch dieser Verein hat bessere Zeiten erlebt, was nicht zuletzt seiner Heimstätte zu verdanken war. Mitten in die Stadt gebaut, eingezwängt zwischen Wohnhäusern und Messehallen, mit hohen und engen Tribünen einer Wanne gleich, war die »Gruabn« fast 80 Jahre lang Schauplatz großer Fußballschlachten und Mekka für die Fans wahrer Atmosphäre.

Auf dem Grund der Klosterwiese wurde nach dem Ersten Weltkrieg mit dem Kicken begonnen, nach und nach ein »richtiger« Platz geschaffen und Tribünen aus Holz und später Beton errichtet. Das Clubhaus hatte den bezeichnenden Namen »Knusperhäuschen«, denn viele Gegner glaubten, hier nicht auf einem Fußballplatz anzutreten, sondern im Vorhof zur Hölle. Wurde ein Corner getreten, konnte man den Spieler fast an den Ohren ziehen, die Maße des Feldes waren an der untersten Grenze des Erlaubten, und jeder Gastverein fühlte sich wie in einer Mausefalle. Die Fangesänge, der sogenannte »Sturm-Rrroar«, ließen jeden Rasenziegel erbeben und waren ein Mitgrund, weshalb Sturm Graz bald in der ersten Bundesliga eine bedeutende Rolle spielte. Als der legendäre Hannes Kartnig das Präsidentenamt innehatte und Startrainer Ivica Osim engagierte, wurde der Grundstein für Meistertitel und Champions-League-Teilnahmen gelegt. Diese einmaligen Erfolge fanden zwar im neu erbauten Grazer Stadion statt, doch die Meistertruppe wurde auf dem heiligen Rasen der Gruabn geformt!

Statt steiler Betonstiegen findet man jetzt sanfte Graswälle, doch die Sitzplatztribüne ist erhalten geblieben und vermittelt nach wie vor den herben Charme des Fußballsports. Setzt man sich ein paar Minuten hin, spürt man diese Nostalgie und erahnt eine Zeit, in der 22 Männer gegen den Ball traten und keinen Gedanken daran verschwendeten, ob die Fönwelle richtig sitzt.

Adresse Haupteingang Klosterwiesgasse, A-8010 Graz | **Öffnungszeiten** frei zugänglich | **Anfahrt** Straßenbahnlinie 6, Station Jakominigürtel aussteigen und circa 200 Meter in Richtung Klosterwiesgasse gehen | **Tipp** Die Messehalle Graz liegt direkt neben der Sportanlage und bringt Weltstars des Rock und Pop an die Mur!

38 Der Gummi-Neger

Kautschuk vom Schwarzen Kontinent

Es gab ziemlichen Aufruhr in der Wiener Kulturszene, als Jean Genets Stück »Die Neger« eine Wiederaufführung erlebte. Man ortete einen Verstoß gegen die Political Correctness und vergaß dabei im Übereifer, dass Genet selbst zeit seines Lebens ein Verfolgter und das genaue Gegenteil eines Rassisten war. Von Verwechslungen solcher Art kann Heinz Siegl ein Lied singen, denn sein Gummi-Neger in der Annenstraße hat schon des Öfteren zu moralischen Verwerfungen bei Passanten geführt.

Der Name hat jedoch einen harmlosen Ursprung: Das Geschäft befindet sich seit 100 Jahren in Besitz der Familie Siegl und hatte bei der Eröffnung einen starken Konkurrenten in der Herrengasse. Der bezog den Kautschuk aus Amerika und nannte sich folglich Gummi-Indianer. Die Siegl'sche Hauptquelle war jedoch der Schwarze Kontinent, und in Analogie wurde der Gummi-Neger aus der Taufe gehoben. Wodurch der Laden wirklich besticht, ist eine original erhaltene Fassade, die Nostalgiker an Zeiten erinnert, in denen die Annenstraße eine Flaniermeile war und hier neben Gummiwaren auch Spielzeug, Puppen und sogar Parfums feilgeboten wurden. Heute umbraust starker Verkehr das Geschäft, Siegl hat sich auf Schaumstoffe und Regenbekleidung spezialisiert. Doch entscheidend ist hier nicht nur das Angebot, sondern der Kundendienst – persönliche Beratung statt Anonymität und ein Lager, das so einige Spezialitäten zu bieten hat, lassen Stammkunden den Gummi-Neger großen Baumärkten vorziehen.

Heute hat sich der Bezirk rund um Volksgarten und Annenstraße zu einem bunten Stadtteil entwickelt, Menschen unterschiedlicher Herkunft leben hier und brauchen bei Schlechtwetter ab und an einen Regenmantel. Ein einziges Mal hat sich ein Kunde aus Afrika nach der Namensgebung erkundigt und war belustigt, als er die einfache Erklärung erhielt. Also besser nachfragen und keine Vorurteile pflegen!

Adresse Annenstraße 20, A-8010 Graz, Tel. +43 (0)316/713388, www.gummineger.at | **Öffnungszeiten** Mi 10–17 Uhr | **Anfahrt** Straßenbahnlinien 1 und 7, an der Haltestelle Volksgartenstraße aussteigen, das Geschäft liegt direkt davor | **Tipp** Gleich ums Eck in der Kernstockgasse 21 steht das Geburtshaus des Dirigenten Karl Böhm.

39 Die Haarschneiderei

Haare und Möbel

Die Straßenzüge rund um den Lendplatz haben eine bewegte Geschichte hinter sich: Als Vorstadt an die Mur herangebaut, bekam die Gegend bald einen leichten Hautgout von Halbwelt und Rotlicht.

2003 zündete der Bau des Kunsthauses eine Entwicklungsrakete, und rund um die berühmte »Blase« siedelte sich eine Kreativszene an, die sich von anderen Geschäftsleuten ein wenig unterscheidet. Nicht der reine Profit ist hier das Ziel, sondern ein freundschaftlicher Umgang mit Besuchern und Kunden in außergewöhnlicher Atmosphäre gilt als Markenzeichen des Viertels.

Teil dieser Stimmung des Auf- und Umbruchs ist die Haarschneiderei, die kaum etwas mit einem Frisiersalon alten Stils am Hut hat. Hier wird gestylt und der neueste Tratsch ausgetauscht, doch Augen und Ohren der Kunden werden ebenso verwöhnt. Aus den Lautsprechern gibt es die neuesten Hits, man kann sich Filme anschauen und das ausgeflippte Ambiente genießen: Antike Nähmaschinen wurden zu Frisiersesseln, an der Decke schwebt ein Lüster aus Föhnen und Trockenhauben.

Die Haarschneiderei ist kein Reservat für junge Leute, sondern bietet der Generation 40+ einen Spezialservice – der »Barockraum« ist ein Farbenrausch in Rosa und Gold und mit historischen Fotos ausstaffiert. Die Besitzer Nicky und Jakob haben mit Anfang 20 den Sprung in die Selbstständigkeit gewagt und damit einen Volltreffer gelandet: Hier wird Haareschneiden nicht zur lästigen Pflicht, sondern zum hippen Gesamterlebnis – Haircut all inclusive!

Wer ordentlich zurechtgestutzt oder frisch onduliert die Haarschneiderei verlässt, kann sich gleich ein paar Ideen für ein schöneres Zuhause mit einpacken lassen. Ein Teil des Konzeptes besteht nämlich in der angeschlossenen Agentur »en garde – freelance creatives«: Hier werden Pläne fürs Wohlfühlen der anderen Art entwickelt – neue Haarpracht und neues Ambiente Tür an Tür.

Adresse Mariahilferstraße 28, A-8020 Graz, Tel. +43 (0)316/764362, www.diehaarschneiderei.com | Öffnungszeiten Mo – Fr 9 – 19, Sa 9 – 14 Uhr | Anfahrt Straßenbahnlinien 1 und 7, an der Haltestelle Südtiroler Platz aussteigen und in die Mariahilferstraße gehen | Tipp Einen Steinwurf entfernt in der Stockergasse 2 gibt es »Die Scherbe« – eine Studentenkneipe mit Flair.

40 Der Hackher-Löwe

Denkmal des Widerstands

Heldengestalten gab es viele in der langen Historie der Stadt, doch wenige Geschichten haben eine Tragik wie jene des Franz Hackher, seines Zeichens Major der k. u. k. Armee und Verteidiger des Schlossbergs gegen die Truppen Kaiser Napoleons. Ihm zu Ehren steht eine gewaltige Metallskulptur in Form eines erhabenen und zu allem bereiten Löwen am Grazer Hausberg, der die Unbesiegbarkeit des Festungskommandeurs verkörpert.

1809 standen französische Truppen vor den Toren von Graz, um hier den Widerstand des österreichischen Heeres zu brechen. Am Schlossberg hatten sich Soldaten rund um Major Hackher verschanzt und boten Paroli – weder heftiger Artilleriebeschuss noch massive Infanterieattacken konnten die Verteidiger erschüttern, mit hervorragender Taktik und heldenhaftem Willen wurde Welle um Welle zurückgeschlagen. Schlussendlich wurde die Erstürmung aufgegeben, und die Festung fiel erst durch den Frieden von Schönbrunn in die Hände der Franzosen. Hackher bekam zwar den Maria-Theresia-Orden um den Hals gehängt und wurde befördert, doch sein Mut hatte böse Folgen für das Grazer Stadtbild. Napoleon war berüchtigt für seine nachtragende Ader und wollte den Ort der Niederlage von der Landkarte tilgen, also befahl er die Schleifung der Festung. Nur den Uhrturm und die »Liesl«, also den Glockenturm, konnte die Bürgerschaft durch Petitionen und reichlich Bakschisch retten, Mauern und Wehranlagen wurden dem Erdboden gleichgemacht. Der kleine Korse wurde kurz darauf abserviert, doch die prächtige Burg hatte seinen Zorn nicht überstanden.

1909 wurde das Standbild des unbezähmbaren Löwen enthüllt und Franz Hackher ein spätes Gedenken geschaffen – doch noch einmal schlug die Geschichte zu: Im Zweiten Weltkrieg schmolz man die Skulptur zu Kanonen um, und erst 1966 erschuf der Künstler Wilhelm Gösser die eiserne Raubkatze, welche heute über die Stadt wacht.

Adresse auf dem Grazer Schlossberg, A-8010 Graz | **Anfahrt** Straßenbahnlinien 4 und 5, bei der Station Schlossbergbahn aussteigen, mit der Bahn hinauffahren, der Hackher-Löwe steht neben dem Uhrturm | **Tipp** Schauen Sie dem Uhrturm genau aufs Ziffernblatt!

41 Das Harmonikazentrum

Heimatgefühle an vielen Orten

Spiel mir das Lied vom Tod – Ennio Morricones Mundharmonika-Motiv aus dem berühmten Spaghetti-Western ist ein Beweis dafür, dass auch ein Instrument, das in jede Hosentasche passt, Großes vollbringen kann. Dass auch eine kleine Sammlung einen musikgeschichtlich riesigen Bogen zu spannen vermag, beweist das Grazer Harmonikazentrum, das die Entwicklung von Mundharmonika, Bandoneon, Akkordeon und Co. mit sehenswerten Exponaten und spannenden Geschichten Revue passieren lässt.

Leiter Wolfram Märzendorfer hat den Ursprung der Mundharmonika im Wien der 1820er Jahre verortet. Aus ihrem Tonerzeugungsprinzip mittels »durchschlagender Stimmzungen« gingen in Folge Handzug-Instrumente mit Balg hervor, die sich mit den großen Auswanderungswellen und der Seefahrt über die ganze Welt verbreiteten. So fand das vom Deutschen Heinrich Band erfundene Bandonion beziehungsweise Bandoneon seinen Weg nach Argentinien und prägte den Klang des Tango. Die diatonische Mundharmonika brach als »Blues Harp« in den USA stilistisch zu neuen Ufern auf.

Schwyzerörgelis, Schrammelharmonikas und Concertinas erfreuen das Auge, größenmäßig reicht das Spektrum von der 3,5 Zentimeter langen »Little Lady«-Mundharmonika bis zum Akkordeon-Ungetüm. Zu den hübschesten Vertretern der Familie zählt die Steirische Harmonika. Edelweiß- und Enzian-Motive am Rahmen und auf dem Balg signalisieren Heimat – und illustrieren eine weitere spannende Facette des Harmonikazentrums: Man will dazu beitragen, dass die typischen Harmonien der Harmonika-Instrumente wieder öfter erklingen. Schnupperkurse auf der »Steirischen« finden bei älteren Semestern großen Anklang. Auch Mundharmonika-Kurse stehen auf dem Programm, das Instrument sei gar schwer zu erlernen, heißt es. Vielleicht Auftakt zu Größerem? Der erste Song der Beatles, »Love me do«, erschienen 1962, begann womit? Genau, mit einem Mundharmonika-Intro!

Adresse Griesgasse 24, A-8020 Graz, Tel. +43 (0)676/7086392, www.harmonikazentrum.at | **Öffnungszeiten** Di 9–12 Uhr und nach Vereinbarung | **Anfahrt** Straßenbahnlinien 1, 3 und 6, an der Station Südtiroler Platz/Kunsthaus aussteigen und die Griesgasse entlanggehen, das Gebäude liegt rechter Hand | **Tipp** Traditionsverbundenen Menschen sei der Besuch im Volkskundemuseum, Paulustorgasse 11–13a, ans Herz gelegt (März–Nov. Mi–Fr 16–20 Uhr, Sa, So 14–18 Uhr).

42 Die Helmut-List-Halle

Best Sound in Town

Das Grazer Unternehmen AVL ist in der Entwicklung von Antriebssystemen und Anlagen für Motorentests Weltspitze. Unter anderem tüfteln die Ingenieure auch am Sounddesign für Motoren – damit sie so richtig rassig und authentisch klingen. Die Kompetenz in akustischen Belangen ließ Konzernchef Helmut List auch in ein Projekt einfließen, das man nicht unbedingt mit Hightech assoziiert – als Mitgestalter und Initiator einer Veranstaltungshalle, in der alles der Güte des Klanges untergeordnet ist.

Am Standort der Helmut-List-Halle wurden einst Lokomotiven gefertigt. Sichtbeton, Stahl und Glas im Foyer erinnern an die industrielle Vergangenheit, ansonsten ließ Architekt Markus Pernthaler keinen Stein auf dem anderen, als er die für den Abriss vorgesehene 08/15-Fabrikshalle 2002/03 umbaute. Musikgrößen wie der Dirigent Nikolaus Harnoncourt brachten ihre Expertise ein, um einen für Festivals wie »styriarte« und »steirischer herbst« maßgeschneiderten Resonanzraum an der Schnittstelle zwischen Hochtechnologie und Kultur zu schaffen.

Um Lärm und Erschütterungen vom nahen Bahnhof auszusperren, ist die Halle auf dicken Gummiplatten gelagert. Im Inneren des 44 mal 31 mal 12 Meter messenden Schallraums sorgen in erster Linie Vollholzelemente für raumakustische Perfektion. Ein Wort, das man in einer Ecke spricht, ist auch in 30 Meter Entfernung noch klar verständlich. Mit wenig Aufwand lässt sich die Wundertüte für Popkonzerte oder Kabarettauftritte akustisch perfektionieren. Die beliebig veränderbare Position von Bühne und Publikumsbereich erlaubt es, neben Konzerten und Opern auch Bälle, Seminare, Firmenveranstaltungen oder Zirkusvorführungen auszurichten. Sogar Motorentests ließen sich abhalten – dafür ist bautechnisch anfangs Sorge getragen worden. Aber umgesetzt wurde es nie. Wer sich für Motorensounds interessiert, der muss sich um eine Führung bei AVL bemühen.

Adresse Waagner-Biro-Straße 98a, A-8020 Graz, Tel. +43 (0)316/584260, www.helmut-list-halle.com | **Öffnungszeiten** Führungen nach tel. Voranmeldung Mo–Fr 10–17 Uhr | **Anfahrt** Buslinie 85, Haltestelle Dreierschützengasse/Helmut-List-Halle, oder zehn Minuten zu Fuß vom Bahnhof | **Tipp** Besuchen Sie das Vorort-Büro gegenüber, Infodrehscheibe für das neue Smart-City-Projekt Waagner-Biro. Eine Werksbesichtigung bei AVL lohnt sich für Technikfreunde, ist allerdings nur für Gruppen möglich (Hans-List-Platz 1, Tel. +43 (0)316/7870).

43 Der Herr Spitzer

Die helfende Hand

Wo in Städten große Ketten ihre Filialen wie Festungen in die Gegend gepflanzt haben, bleibt wenig Platz für Einzelkämpfer – doch es gibt sie noch! Seit 1953 betreiben Zöscher & Söhne am Griesplatz ein Geschäft für Elektronik und Beleuchtungskörper. Tausende Artikel sind hier erhältlich, und wer in die Tiefen des Raums vorstößt, bekommt etwas ganz Besonderes zu sehen: den Herrn Spitzer.

Ein wenig versteckt bastelt der Mann in einer winzigen Werkstatt, die mit analogen Messapparaten ausgestattet und bis an die Decke vollgeschichtet ist mit Geräten, die ihrer Reparatur harren. Im Familienbetrieb Zöscher ist »Heinz« ein assoziiertes Mitglied und arbeitet auf freier Basis: Er repariert Unterhaltungselektronik, Bügelstationen und selbst elektrische Zahnbürsten von Betriebskunden und aus privater Hand. Der gelernte Stahlbauschlosser hat sich schon in jungen Jahren mit Reparaturen beschäftigt und dieses Hobby zur Passion gemacht: »Beim Zöscher habe ich zuerst Videorekorder eingestellt und später meine Werkstatt aufgebaut – was Sie hier sehen, ist eine Werkzeug- und Ersatzteilsammlung aus 40 Jahren!« Erfindungsreichtum und handwerkliche Perfektion sind das wahre Kapital des Reparaturzampanos. Ist das Radio noch so marode oder dem Staubsauger die Luft ausgegangen, Heinz Spitzer greift traumwandlerisch sicher in eine seiner Ersatzteilladen und zieht das rettende Element heraus. Er selbst sieht sich als helfende Hand in Krisen des Haushalts und macht trotz seiner Pensionsfähigkeit munter weiter: »Vielen Leuten geht es nicht um Sparsamkeit, sondern um das Bewahren geschätzter Stücke – sie wollen quasi mit ihnen alt werden. Mich freut es, diese Weggefährten am Leben zu erhalten.«

Apropos, Heinz Spitzer ist nicht mehr allein auf weiter Flur: Mittlerweile schießen Reparatur-Cafés europaweit wie Pilze aus dem Boden.

Adresse Zöscher & Söhne, Griesplatz 16, A-8020 Graz, Tel. +43 (0)316/714311, www.zoescher.at | **Öffnungszeiten** Mo–Fr 8–18 Uhr, Sa 8.30–12.30 Uhr | **Anfahrt** Buslinien 31 und 67, an der Station Griesplatz aussteigen, das Geschäft liegt mitten am Platz | **Tipp** Der »Würstlhansi« am Griesplatz ist ein Treffpunkt für Nachtschwärmer – hier gibt es Käsekrainer bis in den frühen Morgen.

44 Das Hitler-und-Mussolini-Fenster

Diktatoren-Abbilder in der Stadtpfarrkirche

Die Diktatoren Hitler und Mussolini, abgebildet auf einem Glasfenster in einem Gotteshaus – dieses Motiv hat schon bei einigen Besuchern der Grazer Stadtpfarrkirche zum Heiligen Blut fragende Blicke ausgelöst. An und für sich ist es nur ein Detail der prachtvoll gestalteten Glasfenster hinter dem Altar, die zu den Höhepunkten modernen bildnerischen Schaffens in der Mur-Stadt zählen.

Gestaltet hat die Glasfenster der in Deutschland geborene und ab 1932 in Salzburg lebende Maler Albert Birkle (1900–1986). Er erlebte als Soldat die Schrecken des Ersten Weltkrieges mit, dann, als er bereits jenseits der 40 war, die Endphase des Zweiten Weltkriegs. In den Nachkriegsjahren verlegte sich der als tiefreligiös beschriebene Künstler in erster Linie auf die Gestaltung von Glasfenstern nach einer neuen Technik und bekam zahlreiche Aufträge, da viele Kirchen beschädigt waren.

Seine Arbeit verstand er auch als Kommentar zur Zeitgeschichte. Noch unter dem Eindruck der Kriegskatastrophe reihte er die beiden Menschenschlächter in die Schar jener ein, die mit erhobenen Fäusten, Stöcken und wutverzerrten Gesichtern gegen Jesus anstürmen. So brachte er laut Kirchenführer zum Ausdruck, dass in der Passion Christi auch die Leiden all jener gegenwärtig seien, denen Gewalt angetan und deren Menschenwürde verspottet werde. In ähnlicher Manier hat etwa auch der deutsche Künstler Max Lacher 1946 auf dem Kirchenfenster von St. Martin in Landshut die drei Nazigrößen Hitler, Göring und Goebbels als Folterknechte dargestellt. Am Grazer Fensterzyklus beeindruckt aber nicht das Hitler-und-Mussolini-Detail, nach dem man im linken Fenster lange suchen muss, sondern die Kraft der Darstellung und der Farben. Wie flüssige Lava glänzt das Rot, intensiv leuchtet das Gold.

Adresse Herrengasse 23, A-8010 Graz, Tel. +43 (0)0316/829684, www.stadtpfarrkirche-graz.at | **Öffnungszeiten** tagsüber, keine Besichtigung während der Gottesdienste | **Anfahrt** vom Jakominiplatz (wird von allen Straßenbahnlinien angefahren) in die Herrengasse gehen, die Kirche liegt rechter Hand | **Tipp** Lassen Sie sich auf einem Altstadtrundgang die versteckten Plätze der Stadt zeigen – die Touren starten um 14.30 Uhr (Mai bis Oktober täglich) von der Tourismus-Information in der Herrengasse 16 (www.graztourismus.at). Die Stadtgeschichte auch zur Zeit des NS-Regimes thematisiert das GrazMuseum in der Sackstraße 18.

45 Die Hofbäckerei-Fassade

Köstlich kaiserliche Kipferln

Die Hofgasse an sich ist ein geschlossenes Ensemble schöner Bürgerhäuser, das sich zum Freiheitsplatz und dem Schauspielhaus hin öffnet.

Ins Auge jedoch springt die Fassade der Bäckerei Edegger-Tax, vormals kaiserlich und königlicher Hoflieferant, wie man in Österreich so schön zu sagen pflegt. Die Monarchie hat sich zwar in Luft aufgelöst, und der Kaiser ruht sanft in der Kapuzinergruft, doch ein Stück imperiales Ambiente hat hier unbeschadet überlebt.

Auf den ersten Blick dünkt es den Betrachter, hier vor einer barocken Holztäfelung zu stehen, derartig üppig und füllig sind Schnitzereien und Intarsien an der Pforte der Bäckerei. Weit gefehlt, das Portal erschuf der Tischler Anton Irschik erst im Jahre 1896, als Franz Tax eine große Ehre zuteilgeworden war – seine Kipferln und Semmerln hatten es in den Adelsstand geschafft. Kaiser Franz Josef hatte Graz besucht und sich bei einem Festbankett von der vorzüglichen Qualität der Tax'schen Backwaren überzeugt. Bald darauf erging die Ernennung zum k. u. k. Hoflieferanten, und der Hofbäcker empfand es als seine Pflicht, dem Geschäft ein standesgemäßes Entree zu verleihen.

Die Umgestaltung gelang vorzüglich, wurde vom Kaiser freundlich goutiert und wandelte sich im Lauf der Zeit zum Eyecatcher der Grazer Innenstadt. Tritt der Gast heute über die Schwelle, hat er das Gefühl, der selige Franz Josef schaue ihm mit Wohlwollen über die Schulter.

Ein kleines Geheimnis oder Rätsel birgt die Fassade – der werte Leser ist hiermit aufgefordert, es zu lösen und zu öffnen. In die Holztäfelung hat der Meister eine Geheimtür eingebaut, die man mittels Handdruck aufschnappen lassen kann. Wofür der Innenraum gedient hat, ob als geheimer Liebesbriefkasten oder Aufbewahrungsort für kühles Bier, sei dahingestellt: Wer das Versteck findet, fühlt sich jedenfalls wie ein kleiner Heinrich Schliemann.

Adresse Hofgasse 6, A-8010 Graz, Tel. +43 (0)316/8302300, service@hofbaeckerei.at, www.hofbaeckerei.at | Öffnungszeiten Mo–Fr 7–18 Uhr, Sa 7–12 Uhr | Anfahrt vom Hauptplatz (wird von allen Straßenbahnlinien angefahren) zu Fuß die Sporgasse hinaufgehen, die zweite Quergasse rechts ist die Hofgasse | Tipp In der Hofgasse 8 befindet sich ein Antiquitätenladen, der für seinen antiken Schmuck berühmt ist.

46_Das Hotel Mariahilf

Komfort in altem Stil

»Stehaufmanderln« sind Leute, die sich durch nichts beirren lassen und kerzengerade ihren Weg weitergehen. Bei einem Gebäude bedeutet es, dass sich gute und weniger gute Zeiten abwechseln und die alten Mauern trotzdem Stil und Würde bewahren. Die Gegend rund um die Mariahilfer Kirche hat einiges miterlebt. Lange war sie Vorstadt und bürgerliches Wohnviertel, dann Teil eines leicht anrüchigen Bezirks, heute ist sie Brennpunkt der pulsierenden urbanen Szene. Alles hat sich um die eigene Achse gedreht, doch eines ist geblieben: das Hotel Mariahilf.

Außenfassade und Innenausstattung sind aus einem Guss, der Gast macht es sich unter Kristalllüstern auf schweren Sofas bequem und kann sich fühlen wie Adalbert Stifter. Das Wortgenie war in den Anfangszeiten Gast der Herberge, die feinste Suite unter dem Dach trägt seinen Namen. Viele Kulturschaffende haben sich hier im Lauf der Jahrhunderte die Klinke in die Hand gegeben und das Hotel Mariahilf zur Anlaufstelle der Freigeister gemacht. Preislich moderat, mit familiärer Atmosphäre und einem geradezu monarchistischen Hauch steht das Haus für Komfort mit altem, aber nicht veraltetem Charme. Wer durch teppichgedämpfte Gänge geht und sich in rotsamtene Betten fallen lässt, weiß, wovon die Rede ist. Dieser besondere Stil gefällt auch der jungen Künstlergarde von heute, die das Staffelholz von Stifter & Co. übernommen hat und gern im Hotel übernachtet.

Ein verstecktes Juwel befindet sich zur ebenen Erde: die Bauernstub'n zum Gold'nen Roß. 2011 umflorte Künstlerin Marusa Sagadin die Mariahilferstraße mit Lichtinstallationen, und das Wirtshaus wurde zum Headquarter des »steirischen herbst«. Der Laden ist Retro vom Feinsten; Nischen, Holztäfelung, Wandbilder und Theke sind original erhalten und warten auf ein junges und kreatives Publikum, das die alten Hallen zum Beben bringt – anmieten jederzeit gestattet!

Adresse Mariahilferstraße 9, A-8020 Graz, Tel. +43 (0)316/713163, www.hotelmariahilf.at | **Öffnungszeiten** Die Rezeption hat durchgehend geöffnet. | **Anfahrt** Straßenbahnlinien 1 und 7, am Südtiroler Platz aussteigen und rechts in die Mariahilferstraße einbiegen | **Tipp** Im benachbarten Keramikstudio »Da Loam« kann man Kunst kaufen und Töpfern lernen.

47__Der Impro-Montag

Live is life is live …

Die Situation kennt jeder: In einem Gespräch gehen die passenden Argumente aus, und man ärgert sich über gute Einfälle, die einem nachher durch den Kopf gehen und zur rechten Zeit fehlten – so etwas wird mangelnde Schlagfertigkeit genannt. Um derlei Mängel zu korrigieren, bedarf es keiner teuren Seminare oder Besuche beim Seelendoktor: Ein paarmal den Impro-Montag des Theaters im Bahnhof besuchen, schon sitzt die Zunge locker, und jede Frage bekommt eine gebührende Antwort.

Die Theatertruppe versteht sich als zeitgenössische Volksbühne und seziert seit fast 20 Jahren die österreichische Seele und den Zustand der Gesellschaft aus einem sehr subjektiven Blickwinkel. Stücke werden nicht nachgespielt, sondern selbst kreiert, Autoren und Schauspieler befinden sich in einer ständigen Interaktion – auf der Bühne wird das Geschriebene überprüft und genauso umgekehrt. Dynamik ist die treibende Kraft des Kollektivs und kommt bei der allmontäglichen Impro-Show am besten zum Ausdruck. Vier Schauspieler und ein Musiker stellen sich dem Publikum und verschmelzen mit ihm zu einem symbiotischen Ganzen: Aus dem Auditorium werden Stichworte zugeworfen, und die Bühnenakteure machen daraus Theater, wie es sein soll – spontan, eigenwillig, spannend und voll aus dem Leben gegriffen.

»Live« ist am Montagabend im Orpheum kein leeres Versprechen, sondern der ganz normale Wahnsinn, frei nach dem Motto: Erwarten Sie das Unerwartete!

Das einzige Problem mit der neu gewonnenen Schlagfertigkeit ergibt sich durch die Beliebtheit des Impro-Montags und den Versuch vieler Zuschauer, sich von den Akteuren ein wenig Eloquenz abzuschauen. Prallt man auf jemanden, der dem Schauspiel ebenso konzentriert beigewohnt hat, kann ein verbales Gefecht natürlich endlos dauern – dann hilft nur mehr der alte Wahlspruch: Der Klügere gibt nach, der Esel fällt in den Bach!

Adresse Elisabethinergasse 27a, A-8020 Graz, Tel. +43 (0)316/763620, www.theater-im-bahnhof.com; jeden Montag im Orpheum, Orpheumgasse 8 | **Öffnungszeiten** Büro: Mo–Fr von 9–13 Uhr, Vorstellungen individuell | **Anfahrt** Straßenbahnlinie 1 und 7, an der Station Volksgartenstraße aussteigen, die Orpheumgasse ist die erste Gasse rechts | **Tipp** In der Bürgergasse 2 befindet sich das Diözesanmuseum – sakrale Kunst aus verschiedenen Blickwinkeln.

48 Das Institut für Weltraumforschung

Spitzenforschung made in Graz

Der Weltraum. Unendliche Weiten. Wir schreiben das Jahr 2014. Das kleine Grazer Institut für Weltraumforschung (IWF) ist angetreten, die großen Rätsel des Sonnensystems zu lösen. Am südöstlichen Stadtrand, zwischen Weizenfeldern und dem Messendorfberg, entwickelt ein Team aus Ingenieuren und Wissenschaftlern ausgeklügelte Verfahren und Instrumente, um Magnetfelder von Himmelskörpern zu bestimmen, Kometen und Planeten zu untersuchen sowie weit entfernte Sonnensysteme auf Anzeichen von Leben abzuklopfen. Die US-Weltraumbehörde NASA, ihr europäisches Pendant ESA und weitere Raumfahrtnationen verlassen sich auf die technologischen Spitzenleistungen aus Graz.

Derzeit ist das IWF an 16 Missionen zwischen Sonne und Jupiterbahn beteiligt. Zur ESA-Kometenmission Rosetta haben die IWF-Ingenieure etwa das Rasterkraftmikroskop MIDAS beigesteuert und das Design für das Ankersystem mitentwickelt, das dem Landemodul PHILAE auf dem Kometen 67P/Tschurjumow-Gerasimenko Halt verschaffen soll. Aushängeschilder im Bereich der Instrumenten-Entwicklung sind die für die extremen Bedingungen des Weltalls getesteten Magnetometer.

Auch zu sehen gibt es am IWF, das zur Österreichischen Akademie der Wissenschaften gehört, einiges. Im Park des Institutsgebäudes macht ein Planetengarten auf einer Länge von 15 Metern die astronomischen Dimensionen in unserem Sonnensystem begreifbar. Wenn das IWF zu einem Blick hinter die Kulissen lädt, kann man die Hightech-Instrumente in Augenschein nehmen und erfährt, wie diese für die extremen Bedingungen des Alls fit gemacht werden. Die Labors stehen dann ganz im Zeichen von Experimenten und Vorführungen. Wann sonst kann man miterleben, wie etwa ein Komet gekocht und serviert wird oder wie sich Marshmallows im Vakuum verhalten?

Adresse Schmiedlstraße 6, A-8042 Graz, Tel. +43 (0) 316/4120400, www.iwf.oeaw.ac.at | **Öffnungszeiten** bei der »Langen Nacht der Forschung« (April) sowie fallweise Führungen auf Anfrage, der Planetengarten steht immer offen | **Anfahrt** Buslinien 72 sowie 76 U bis Haltestelle Sternäckerweg, am Fußballtrainingszentrum entlang zur Schmiedlstraße gehen | **Tipp** Gleich nebenan trainieren die Kicker des SK Sturm Graz – ein Blick lohnt sich allemal. Einen guten Blick ins All haben Astrofreunde von der Johannes-Kepler-Volkssternwarte westlich von Graz (www.stav.at).

49 Das Jochen-Rindt-Grab

Wallfahrtsstätte für Rennsportfreunde

Als die Formel 1 noch keine Bordcomputer kannte, als statt Reifenschonen und Benzinsparen noch die Fahrkunst im Mittelpunkt stand, als der Tod ständiger Begleiter im Cockpit war, sorgte ein gebürtiger Deutscher für eine regelrechte Motorsport-Hysterie in Österreich: Jochen Rindt. 1943 verlor er seine Eltern bei einem Luftangriff. Der kleine Jochen wuchs in Graz bei seinen Großeltern mütterlicherseits auf. Schon als Jugendlicher zeigte er einen Hang zu PS-starken Gefährten. Premiere in der Formel 1 1964, als Rindt 1969 zu Lotus wechselte, ging die Post ab. Mit fünf Siegen enteilte er in der Rennsaison 1970 bald der Konkurrenz.

Hunderttausend Menschen pilgerten zum Höhepunkt der »Rindt-Mania« an den Österreich-Ring. Wenige Wochen später verunglückte er beim Training zum Grand Prix in Monza tödlich. Sein Unfalltod am 5. September 1970 stürzte Österreich in kollektive Trauer. 30.000 Menschen, darunter Rennfahrerkollegen wie Jackie Stewart und Graham Hill, erwiesen ihm die letzte Ehre am Grazer Zentralfriedhof. Rückwirkend betrachtet war er so etwas wie ein Popstar, der dem spießigen Nachkriegsösterreich Glamour verlieh. Sein Draufgängertum, seine lässige und zugleich bescheidene Art, seine coolen Klamotten und seine Ehe mit einem finnischen Fotomodell machten ihn zu einer Kultfigur.

Unzählige Zeitungsartikel, Dokumentationen, ja sogar eine Oper erschienen zum 40. Todestag des Ausnahmefahrers. Auch im Internet ist das Andenken an ihn sehr präsent.

Rindts Grabstätte ist schlicht gestaltet. Efeu umrankt den Grabstein, die Inschrift »Grand Prix Weltmeister 1970« weist darauf hin, dass er als einziger Formel-1-Fahrer den Weltmeistertitel posthum verliehen bekam. Stets sind an Jochen Rindts letzter Ruhestätte Kerzen und Blumen zu finden, manchmal ein Kranz, zu Allerheiligen viele Opferlichter. Für viele Menschen ist er unvergessen geblieben.

Adresse Zentralfriedhof, Triester Straße 164, A-8020 Graz, Tel. +43 (0)316/271387, www.jochen-rindt.at | Öffnungszeiten Der Friedhof ist für Fußgänger rund um die Uhr geöffnet. | Anfahrt Straßenbahnlinie 5, Buslinien 67 und 50 bis Haltestelle Zentralfriedhof, durch den Haupteingang gehen und den ersten Weg rechts nehmen | Tipp Lassen Sie sich Zeit für einen Spaziergang und bewundern Sie die Beispiele monumentaler Grabarchitektur. Im nördlichen Abschnitt lohnt das »Kolumbarium«, eine in die Gruftarkaden integrierte moderne Urnenwand, eine Besichtigung.

50 Das Johann-Puch-Museum

Nostalgie auf zwei und vier Rädern

»Räder aus Graz rollen bis nach Utah und Uganda« – so heißt es in einem Reiseführer über Graz Ende der 1970er Jahre. Damals war die Marke Puch international gut im Geschäft und auch auf Österreichs Straßen allgegenwärtig. Wer in jenen Jahren aufwuchs, wurde quasi mit Puch mobil. Der erste Drahtesel kam mit einiger Wahrscheinlichkeit aus dem Hause Puch, ebenso das erste Rennrad; dann stieg man auf eine DS 50 oder ein etwas flotteres Puch-Moped um. Beim Bundesheer fand man(n) sich dann in einem Steyr-Puch-Haflinger oder -Pinzgauer wieder, die wegen ihrer Allrad-Kompetenz auch bei anderen Armeen zum Einsatz kamen.

Sie alle und vieles mehr findet man heute im Johann-Puch-Museum, das 2012 in der denkmalgeschützten Halle P des ehemaligen Einser-Werks von Puch eröffnet wurde. Die Erfolgsgeschichte beginnt mit den Fahrrädern, die Mobilitätspionier Johann Puch (1862–1914) konstruierte und die mit Hartgummireifen sowie Karbidlampe ausgestattet waren. 1906 begann die serienmäßige Fertigung von Puch-Automobilen. Ende der 1950er Jahre wurde der mit 16-PS-Motor und Fiat-Karosserie ausgerüstete Kleinstwagen Puch 500, im Volksmund Pucherl genannt, populär. Zu den Juwelen zählen die Motorräder und Motocross-Maschinen, mit denen Puch-Werkfahrer die Konkurrenz eine Zeit lang in Grund und Boden fuhren. Puch-Ingenieure konstruierten aber auch Raupenfahrzeuge, etwa das »Schneewiesel«.

Der Geruch von Gummi und Öl begleitet den Technikliebhaber auf diesem Originalschauplatz Grazer Zweirad- und Automobilgeschichte. An Motorenblöcken, Schnittmodellen und Plänen lassen sich Details studieren. Das Unternehmen Magna-Steyr, in dem Puch nach einer bewegten Firmengeschichte größtenteils aufgehen sollte, hat zahlreiche Leihgaben beigesteuert. Und in manchen Beispielen moderner Ingenieurskunst aus dem Hause Magna-Steyr-Fahrzeugtechnik stecken hie und da wohl auch noch einige »Puch-Gene«.

Adresse Puchstraße 85, A-8020 Graz, Tel. +43 (0)664/4203640, www.johannpuchmuseum.at | **Öffnungszeiten** Fr, Sa 13–18 Uhr, So 10–18 Uhr | **Anfahrt** Straßenbahnlinie 5 bis Lauzilgasse, Richtung Mur bis Puchstraße gehen, das Museum befindet sich rechter Hand | **Tipp** Drei Straßenbahnstationen weiter südlich kann man einen weiteren Hort steirischer Tradition besuchen: die Brauerei Puntigam, mit dem Brauhaus Puntigam, Triesterstraße 361 (www.brauhaus-puntigam.co.at).

51 Das Jugendstil-Mosaik

Der nackte Frühling

Der Beginn des 20. Jahrhunderts markiert den Umbruch der alten Welt, der alten Ordnung und der alten Sitten. Im brodelnden Europa wurde der Begriff der Kunst neu definiert – Nacktheit als kühnes Zeichen der Befreiung verband sich mit der dekorativen Ornamentik und Verspieltheit des Jugendstils. Mutige Großbürger wie der Hotelier Anton Wiesler gaben aufstrebenden Künstlern die Chance, ihre Vorstellung von Schönheit umzusetzen. Er erteilte Leopold Forstner, der zusammen mit Gustav Klimt den Beethovenfries in Wien geschaffen hatte, den Auftrag, sein neues Hotel mit einem prachtvollen Mosaik zu veredeln.

Der Frühstückssaal besticht als Gesamtkomposition, Wandverkleidungen und Lüster aus dem Jugendstil münden im Wandbild, das den Raum, der zur Mur hin ausgerichtet ist, schließt. »Der Frühling oder Die Geburt der Venus« nennt sich das prächtig ornamentierte Mosaik.

Die Komposition ist für den Jugendstil typisch: Drei Figuren stützen ein Lebensrad rund um das Symbol des wiedererwachenden Lebens – eine Frauengestalt, umkränzt von erblühenden Blumen. Diese nackte Venus fußt in einer geöffneten Muschel, die den Schoß des Lebens und der Fruchtbarkeit darstellt. Durch die Wölbungen und die Plastizität der Steine bekommt die Darstellung wunderbare Tiefe und strahlende Ausdruckskraft.

Vor 100 Jahren war das Mosaik nicht nur Blickfang, sondern erzeugte durch seine Offenherzigkeit den Hauch eines Skandals im beschaulichen Graz. Doch bald akzeptierten die Gäste den neuen Geschmack des Hausherrn und dinierten im Angesicht des nackten Frühlings. Wer heute hier zu Gast ist, bekommt zu spüren, dass Kunstsinnigkeit ein Bestandteil der Identität des Hotels ist: Ein wuchtiges Street-Art-Gemälde dominiert den Speisesaal, dessen Designmobiliar einen feinen Kontrapunkt zum Stil des Fin de Siècle setzt – Einrichtung als Statement des Zeitgeistes.

Adresse Grand Salon des Hotel Wiesler, Grieskai 4–8, A-8020 Graz, Tel. +43 (0)316/70660, info@hotelwiesler.com | **Öffnungszeiten** Das Hotel hat durchgehend geöffnet. | **Anfahrt** Straßenbahnlinien 1 und 7, an der Station Südtirolerplatz aussteigen und auf den Grieskai gehen. Das Hotel Wiesler liegt rechter Hand. | **Tipp** Ein paar Schritte weiter, in der Belgiergasse 1, finden Sie das Restaurant »Der Steirer« – nomen est omen, mit dem Besten aus der Steiermark.

52 Das Kabarettarchiv

Nie war Lachen so wertvoll wie heute

Helmut Qualtinger und Josef Hader, die frechen Steirer um Alf Poier, Mike Supancic und Newcomer Paul Pizzera – was das Kabarett betrifft, ist Österreich unbestreitbar Weltspitze. Seit seinen Anfängen vor 100 Jahren ist das Niveau hoch, vielleicht auch weil zunächst Kakanien und dann die »Realsatire Österreich« permanent Stoff für humorige und bissige Betrachtungen liefern. Das Kabarett ist aber auch eine ziemlich wildwüchsige und flüchtige Kunstform. In diesem kreativen Tohuwabohu schafft das Österreichische Kabarettarchiv (ÖKA) am zweitwichtigsten Kabarett-Standort nach Wien ein bisschen Ordnung.

Auf ganzen 50 Quadratmetern im Dachgeschoss des Grazer Literaturhauses dokumentiert das ÖKA das heimische Universum von Kabarett, Comedy und Co. Wer immer Fragen zu Satire generell, einzelnen Künstlern, legendären Programmen oder den großen Bühnen der Kleinkunst hat – hier findet er die Antworten: zwischen Buchdeckeln, abgelegt in Ordnern, Mappen, aber auch in Form von LPs, CDs, DVDs, Plakaten, Autografen und Programmheften. Trotz geringer Mittel ist man bemüht, diese Erfolgsgeschichte auch in eigenen, aufwendig recherchierten Publikationen und Ausstellungen nachzuzeichnen.

Von den Anfängen im Wiener Kabarett »Simpl« im Jahr 1912 spannt sich ein zwerchfellerschütternder Bogen bis in die Gegenwart. Auch Kuriosa – wie etwa Bierdeckel mit dem Konterfei von Alf Poier oder Kunst-T-Shirts des steirischen Brachial-Kabarettisten – finden ihren Platz. Und gäbe es das ÖKA nicht (und das Internet), so liefen Schätze wie die Songs der »Innsbrucker Parodisteln« Gefahr, aus dem kulturellen Gedächtnis des Landes zu verschwinden. Vor Jahrzehnten nahmen sie eine geniale LP auf, auf der sie das Tirolertum und den Skizirkus auf die Schaufel nahmen. Anspieltipp: Der »Original Tiroler Skikurs« nach der Melodie von »Memphis Tennessee« – so frisch und böse wie zur Zeit seiner Entstehung.

Adresse Elisabethstraße 30/II. Stock, A-8010 Graz, Tel. +43 (0)316/835074, www.kabarettarchiv.at | Öffnungszeiten individuell nach Vereinbarung | Anfahrt Straßenbahnlinien 1 und 7, an der Haltestelle Merangasse aussteigen, die Elisabethstraße ist die erste Parallelstraße | Tipp Das Literaturhaus Graz an derselben Adresse bietet ein hochkarätiges Programm an Lesungen und Veranstaltungen und hat ein schönes Innenhof-Café.

53_Das Kabinett Physikalischer Kostbarkeiten

Aus der Kinderstube der Forschung

Was heute Schwarze Löcher und Higgs-Boson-Teilchen sind, waren für die Physik des 19. Jahrhunderts etwa Elektromagnetismus und Thermodynamik: Phänomene, denen man mit genialen Versuchsanordnungen auf die Schliche zu kommen versuchte. Ein Brennpunkt dieser Bemühungen war Graz, wo von der zweiten Hälfte des 19. Jahrhunderts bis zum Zweiten Weltkrieg Wissenschaftler wie Ludwig Boltzmann, Ernst Mach, Alfred Wegener, Victor Franz Hess und Erwin Schrödinger Spitzenleistungen auf den Gebieten der Physik und Geophysik vollbrachten. An diese Zeit erinnert das Kabinett Physikalischer Kostbarkeiten der Karl-Franzens-Universität.

Da das Physik-Institut über eine eigene Werkstatt verfügte, konnten die Forscher Messgeräte für ihre Experimente maßschneidern beziehungsweise anpassen lassen – viele Objekte sind Unikate. Hier ein Strahlungsapparat nach Kolhörster mit integriertem Elektrometer, adaptiert von Victor Franz Hess für die Bestimmung der kosmischen Strahlung (die ihm 1936 den Nobelpreis für Physik einbringen sollte), dort ein Quadrantelektrometer, das als erstes selbstregistrierendes Messgerät für luftelektrische Untersuchungen gilt. Zwiebelförmige, aus Messing gefertigte Helmholtz-Resonatoren zur Klanganalyse sind zu sehen, eine Toepler'sche Influenzmaschine, Barlow'sche Räder, Perkussionsapparate, Leidener Flaschen und anderes, das heute längst vergessen ist.

All das wirkt so kunstvoll, handwerklich so ausgereift, dass die Apparate teilweise auch in einem Museum für modernes Design eine gute Figur machen würden. Ihre Bedeutung erschließt sich wohl nur mehr technisch-wissenschaftlich vorbelasteten Menschen, aber allein die wilde Lust am Experimentieren, die aus den fremdartigen und zugleich seltsam vertraut wirkenden Objekten spricht, ist einen Besuch wert!

Adresse Universitätsplatz 5, A-8010 Graz, Tel. +43 (0) 316/3805191 | Öffnungszeiten Schauraum nur nach telefonischer Vereinbarung Mo–Fr, die Schauvitrinen sind frei zugänglich | Anfahrt Buslinie 63, Haltestelle Universität, oder Buslinie 58, Haltestelle Mozartgasse, und rechts zum Physik-Institut gehen | Tipp Machen Sie einen Spaziergang auf dem Campus – einem der lauschigsten Orte von Graz.

54 Der Kaiser-Josef-Platz

Prosecco und Krauthäuptel

Was macht das Leben lebenswert und erhellt den grauen Alltag? Es sind kleine Dinge jenseits des ewig gleichen Trotts, die Leib und Seele zusammenhalten. Ein Gesamterlebnis für die Sinne ist der wohl berühmteste Markt der Stadt: Hier kann man von früh bis spät alles genießen, was Freude macht – im Schatten der Grazer Oper.

Nach Kaiser Josef benannt, steht dieser Ort für Frische und Ursprünglichkeit, hier werden Obst, Gemüse, Fleisch, Eier, Brot und besondere steirische Schmankerl verkauft. Käferbohnen sind Prachtexemplare ihrer Gattung und Grundstoff für eine heimische Kraftnahrung: den gleichnamigen Salat. Angemacht wird er mit grün schimmerndem, nussigem Kernöl, das mittlerweile eine Trademark für die Steiermark geworden ist. Jeder Bauer füllt sein eigenes Öl ab und verkauft es wie einen Schatz – die Preise sind saftig, aber der Geschmack ist einzigartig! Kronprinz Rudolf und Schafnasen sind Apfelsorten, der Krauthäuptel ein Salat und Verhackertes ein deliziöser Brotaufstrich – das ist der steirische Brauch!

Wenn die Marktstände schließen, geht das Leben am Kaiser-Josef-Platz munter weiter: Hier bekommt man bis spät am Abend Kulinarik geboten, die vom Frühstück über gebackenen Fisch und gekochte Würstel bis hin zu Prosecco und Welschriesling reicht. Bacchus würde auf die Knie fallen und zum Christentum konvertieren – selbst im hedonistischen Rom war eine solche Vielfalt selten anzutreffen.

Das Schönste jedoch ist das harmonische Nebeneinander aller Bevölkerungsschichten, hier fließen die Menschenströme tagein, tagaus fast lieblich zusammen. Der Marktplatz ist für alle da und vereint in altösterreichischer Manier Hofräte und Landwirte, Künstler und Arbeiter, Hinz und Kunz. Rund um die Uhr herrscht Hochbetrieb, es kann ohne Weiteres passieren, dass im Frühcafé eine Marktfrau im Dirndl auf einen hängen gebliebenen Nachtschwärmer im Smoking trifft – die gesellschaftlichen Schranken sind aufgehoben.

Adresse Kaiser-Josef-Platz, A-8010 Graz | Öffnungszeiten Die Marktstände sind Mo–Sa 6–13 Uhr geöffnet. | Anfahrt Der Kaiser-Josef-Platz wird von den Straßenbahnlinien 1 und 7 sowie der Buslinie 31 angefahren. | Tipp Genießen Sie bei einem Markt-Achterl den freien Blick auf die prächtige Grazer Oper.

55 Das Kälberne Viertel

Genuss in enger Gasse

Veganismus und Vegetarismus scheinen das Gebot der Stunde zu sein, immer mehr Menschen versuchen, die Ernährung fleischlos zu gestalten; und viele, die weiterhin Fleisch konsumieren, ziehen den Supermarkt dem klassischen Fleischhauer vor. So muss man gute Fachgeschäfte bereits mit der Lupe suchen.

In der Neue-Welt-Gasse wird man fündig, denn hier hat sich die uralte Tradition des Kälbernen Viertels im Kleinen bewahrt: Gigantische Schlachtbetriebe aus der Vergangenheit sind zwar zusammengeschmolzen auf einen winzigen Durchgang, doch die Qualität der Ware hat nichts zu tun mit Hormonspritzen und Massentierhaltung.

Der Ursprung des Schlachtviertels liegt im 16. Jahrhundert, als sich zwischen Franziskanerkirche und Mur zahlreiche Schlachter und Gewerbebetriebe ansiedelten. Hier herrschte ein geradezu infernalisches Treiben, Viehherden wurden über den Franziskanerplatz zur Schlachtung getrieben, am Fluss die Kadaver ausgeweidet und überflüssige Reste gleich in die Mur entsorgt. Das war nichts für feine Nasen und störte die Franziskaner bei ihren Gebeten gewaltig! Nach und nach wurde mit Blut und Gestank aufgeräumt, und das Kälberne Viertel verlor seine ursprüngliche Bedeutung. Stattdessen geben heute trendige Bars und Lokale den Ton an, und fleischliche Genüsse findet man erst auf den zweiten Blick – in den kleinen Metzgereien und hervorragenden Würstelständen am Franziskanerplatz.

Ernährung ist Privatsache! Für die einen sind Tiere die besten Freunde, andere sehen den Menschen an der Spitze der Nahrungskette. Sei es drum, es muss jeder für sich entscheiden, was er isst; doch wenn man in ein zartes Steak beißen will, ist man im Kälbernen Viertel bestens aufgehoben. Hier sind die Stücke frisch und saftig, und als Kunde hat man das angenehme Gefühl, die Wirtschaft im Kleinen kräftig anzukurbeln.

Adresse rund um den Franziskanerplatz, A-8010 Graz | **Anfahrt** am Hauptplatz (wird von allen Straßenbahnlinien angefahren) aussteigen, die Neue-Welt-Gasse ist die Verbindung zum Franziskanerplatz | **Tipp** Das Café Schwalbennest am Franziskanerplatz macht seinem Namen Ehre – auf der geschwungenen Terrasse im ersten Stock kann man wunderbar »abhängen«.

56 Die Karlauer Häf'n-Mauer

Besser von außen genießen

Eine meterhohe Mauer, bekränzt von Stacheldraht-Rollen, dazu Überwachungskameras und weitere technische Feinheiten: Unschwer ist zu erkennen, dass viele Insassen der Justizanstalt Karlau ziemlich viel »Schmalz ausgefasst« haben müssen. Frauenserienmörder Jack Unterweger saß einst in Österreichs drittgrößtem »Häf'n« ein, ebenso Briefbombenattentäter Franz Fuchs. Kunst spielte hier bisher, sieht man mal von Tätowierungen ab, wohl weniger eine Rolle. Das verhält sich anders, seit im Jahr 2013 der Grazer Künstler Viktor Kröll einen Abschnitt der Karlau-Außenmauer in Österreichs wahrscheinlich längstes Wandbild verwandelt hat.

Es ist ein beeindruckender Anblick, der sich seither entlang der viel befahrenen Triesterstraße auf einer Länge von 300 Metern bietet. Myriaden von schwarzen Punkten scheinen auf der Gefängnismauer zu tanzen. Manchmal verdichten sie sich in diffusen Wolken, dann wieder verlieren sie sich auf dem weißen Untergrund. Von der gegenüberliegenden Straßenseite glaubt man, ansatzweise Formen auszumachen. Hier tauchen Strukturen von Blättern oder Pflanzen aus dem Punktemeer auf, dort scheinen sich die Umrisse von Vögeln am Himmel auf dem weißen Hintergrund abzuzeichnen. Ein Mond? Ein Auge, das einen neugierig zu mustern scheint? Was im Auge des Betrachters schließlich Gestalt annimmt, ist höchst unterschiedlich.

Auf jeden Fall – und das war die Intention des Künstlers – lenkt das Gemälde den Blick auf die zuvor einfach nackte und schmucklose Gefängnismauer. An der Hauptarbeit, dem Auftragen der Punkte mit Bitumenfarbe, hat sich auch der ein oder andere Freigänger der Haftanstalt sowie Passant beteiligt. Wer draußen ist, den erinnert die künstlerisch veredelte Mauer vielleicht auch an jene, die dahinter leben. Wer drinnen sitzt, der wird das Werk – »Opus Magnum 13« lautet sein Titel – erst dann in natura sehen können, wenn er keine gesiebte Luft mehr atmet.

Adresse Justizanstalt Graz-Karlau, Herrgottwiesgasse 50, A-8020 Graz | **Öffnungszeiten** frei zugänglich | **Anfahrt** Buslinien 39, 50 und 67, an der Haltestelle Feldgasse aussteigen, das Kunstwerk ziert die Anstaltsmauer entlang der Triesterstraße | **Tipp** In Fasching's Gasthaus, Vinzenz-Muchitsch-Straße 5, kann man die Eindrücke auf sich wirken lassen; Installationen moderner Künstler, dazu ein Rosarium und eine Gartenbibliothek bietet der Kunstgarten in der Payer-Weyprecht-Straße 27, via Feldgasse (Fr und Sa 15.30–19 Uhr und täglich nach Vereinbarung unter Tel. +43 (0)316/262787, http://kunstgarten.mur.at).

57_Die Kasematten

Musik statt Ketten

Was eignet sich besser als eine Befreiungs-Oper, um ein ehemaliges Gefängnis in einen Ort der Freude zu verwandeln? Die Kasematten am Schlossberg waren jahrhundertelang Vorratskammern und Zuchthaus für renitente Zeitgenossen. Als die Festung 1809 gesprengt wurde, verlor das Gewölbe seinen ursprünglichen Sinn und wurde zum Ort der Begegnung umgestaltet. 1937 kam »Fidelio« von Beethoven zur Aufführung, und Zeitzeugen berichteten, dass beim Erschallen des Gefangenenchors die Präsenz der ehemaligen Delinquenten geradezu spürbar war.

Über einen Torbogen am Schlossberg-Plateau gelangt der Besucher in den Zuschauerraum, der sich sanft in den Felsen fügt und eine perfekte Freiluftarena schafft. Waren Zuschauer in der Vergangenheit Regen ausgesetzt oder mussten frieren wie die Schneider, wurde diesen Störungen inzwischen ein Riegel vorgeschoben: Durch ein bewegliches Dach, das sich in Sekunden schließen lässt, sind die Veranstaltungen vom Wetter unabhängig geworden. Im Parterre und in den als Logen genutzten ehemaligen Gefängniszellen werden, besonders in lauen Sommernächten, Konzerte und Feste zu einem einmaligen Erlebnis. Durch die intime Atmosphäre wirken die Kasematten lebendig und nahe am Publikum: Es bedarf nicht des Schreis tausender Kehlen, um hier Stimmung zu erzeugen, auch die feinen und leisen Töne dringen in jeden Winkel des Raumes und umhüllen die Menschen wie Samt und Seide.

Auf der Galerie des ehemaligen Gefangenentraktes sitzen heute Kunstfreunde und lauschen verzückt der musikalischen Erbauung oder lassen die Champagnerkelche kreisen. Vor gar nicht allzu langer Zeit wurden hier arme Tröpfe in Ketten gelegt und mussten bis zum Sankt-Nimmerleins-Tag in ihren Zellen verrotten. Da kann man nur hoffen, dass so mancher Häftling dank Seelenwanderung ins Heute wechselt und die Stätte seiner Qualen mit anderen Augen betrachten kann.

Adresse am Schlossberg zu besichtigen, Büro: Orpheumgasse 8, A-8020 Graz, Tel. +43 (0)316/80089000 | **Öffnungszeiten** Mo–Fr 10–12 und 14–19 Uhr | **Anfahrt** Straßenbahnlinie 4, bei der Station Schlossbergbahn aussteigen und mit der Bahn auf den Berg fahren | **Tipp** Gleich neben den Kasematten finden Sie das »Aiola upstairs« – ein Restaurant mit wunderbarer Aussicht und noch besserem Frühstück.

58 Das Kircheneck

Der Seelen-Akku

»It's hard to be a saint in the city …« Bruce Springsteen hatte verdammt recht mit dieser Textzeile, denn die Versuchungen der Stadt sind groß und die Hilfe Gottes meist in weite Ferne gerückt. Doch wenn einem armen Sünder in Graz die Seele durchgebeutelt wird, gibt es Hoffnung für ihn, denn die Benediktiner der Stadtpfarrkirche bleiben ihrem Credo treu, nahe am Menschen zu wirken. Gleich nebenan im Gebäude des Pfarramtes findet man ein Plätzchen, wo nichts verkauft oder angepriesen wird, sondern das innere Licht neue Kraft erhält – das Kircheneck.

Zum Gesamtkonzept einer kleinen Seelen-Politur gehört, zuerst in den Brunnenhof zu gehen, der ursprünglich als Kreuzgang eines Dominikanerklosters gebaut wurde. Ruhe und Besinnlichkeit stellen sich praktisch automatisch ein – barocke Statuen säumen als Kontrapunkt den modern gestalteten Platz mit einem Trinkbrunnen des Bildhauers Edwin Eder im Zentrum. Auf 144 Bodenplatten – das Symbol der zwölf Apostel und zwölf Stämme Israels – ist in Metallbuchstaben eine biblische Weisheit eingelassen, die dem Besucher Kraft und Energie geben soll. Die nächsten Schritte können nun ins Kircheneck führen, wo Menschen warten, mit denen man über wirklich alles reden kann: Religion ist keine thematische Zwangsjacke, sondern Ausgangspunkt für spirituelle Ideen – hier ist eine Anlaufstelle des Geistes geschaffen worden. Apropos: Freie Mitarbeiter sind herzlich willkommen, auch Geben kann die Seele erwärmen!

Wer aus der Ruhe und Sicherheit dieses Rückzugsortes zurück in die brodelnde Stadt tritt, bekommt ein Gefühl dafür, was Metaphysik bedeuten kann – nur eine Glasscheibe trennt die spirituelle Welt von der materiellen, und doch können beide nebeneinander existieren. Denn Gott sei Dank gibt es Institutionen wie das Kircheneck, die quasi als Schnittstelle dienen und die Seele mit dem Körper zu versöhnen suchen.

Adresse Stadtpfarrkirche Graz, Herrengase 23, A-8010 Graz, Tel. +43 (0)316/829684, graz-hl-blut@graz-seckau.at | Öffnungszeiten Di–Fr 11–18 Uhr | Anfahrt vom Jakominiplatz (wird von allen Straßenbahnlinien angefahren) in die Herrengasse gehen, das Pfarramt zum Heiligen Blut liegt rechter Hand | Tipp Am Eisernen Tor bietet sich vom Gastgarten des »Maria Magdalena« ein perfekter Blick auf das Treiben in der Herrengasse.

59 Die Landesverwaltungs-akademie

Mehr Farbe in die Verwaltung!

Entlang der Krottendorfer Straße am südwestlichen Stadtrand trägt Graz bereits ländliche Züge. Der Autolärm macht Vogelgezwitscher Platz, dunkelgrüne Wälder und hellgrüne Wiesen breiten sich vor dem Auge aus, darüber spannt sich ein blauer Himmel. Doch ziemlich unvermutet leuchten aus einem Wäldchen grellere Farbtöne hervor, die gar nicht in die Umgebung zu passen scheinen: Dunkelrot und orange, ocker und gelb schillert es zwischen Buchen und Föhren, und schließlich nimmt ein Gebäude Gestalt an, das auf den Betrachter wirkt wie eine Sinnestäuschung.

»Steirische Landesverwaltungsakademie« liest man auf einem Schild. Ausgerechnet! Wo doch dem Beamtentum höchstens Grau als Farbe zugeordnet werden kann! Doch hier, versteckt am Stadtrand, liegt eine Beamtenfortbildungsburg, die alle Vorurteile mit einer schrillen und ultramodernen Fassade Lügen straft. Im Jahr 2005 lobte die steirische Verwaltung einen Wettbewerb aus, um dem gut 100 Jahre alten Bründlhaus, das als Gasthaus und Schülerinternat ausgedient hatte, neues Leben einzuhauchen. Das Projekt »Froschkönig« erhielt den Zuschlag. Im Wesentlichen begnügten sich die Architekten damit, über den Bau eine extrem auffällige Hülle zu stülpen. Die hässliche Kröte wurde so zu einem veritablen Prinzen aufgerüstet, während sich im Inneren wenig tat.

Das polychrome Kleid besteht aus Faserzementplatten in über 30 verschiedenen Farben. Auch der Rest des Gebäudes ordnet sich dem Leitmotiv unter. Jalousien, Regenrinnen und Dachflächen – alles extrem bunt. Starrt man länger auf die Fassade, macht einen das Farbenspiel ganz dizzy! Der Ort ist dazu angetan, die Hektik des Beamtenalltages vergessen zu machen. Und vielleicht gebiert der ein oder andere Teilnehmer in diesem Ambiente eine Idee zur Verwaltungsvereinfachung oder einen ähnlich subversiven Gedanken.

Adresse Krottendorfer Straße 149, A-8054 Graz, Tel. +43 (0) 316/8773481 | **Anfahrt** Buslinie 33, am Neupauerweg aussteigen und auf der Krottendorfer Straße circa 1 Kilometer nach Süden gehen | **Tipp** Spazieren Sie über die Kehlbergstraße zum Martinsschloss, in der Kirche befindet sich ein prachtvoller Barockaltar. Bei den Wohnhäusern am Neupauerweg starten Wanderwege rund um Ölberg und Buchkogel.

60 Das Landeszeughaus

Nicht nur was für Heavy-Metal-Fans

Harnische, Helme und Handfeuerwaffen, Mörser, Morgensterne und Blankwaffen – es ist eine beeindruckende Sammlung, die das Landeszeughaus präsentiert. Nahezu unverändert ist dieses gigantische Waffenarsenal aus der Zeit der Türkenkriege in der Gegenwart angekommen. Wer an einer Führung teilnimmt, der bekommt aber auch Aha-Erlebnisse abseits von martialischem Gerät geboten.

Etwa, in welchem Ausmaß heute noch geläufige Redewendungen auf das Kriegswesen des Spätmittelalters zurückgehen. Von der Pike auf lernen – die Bedeutung erschließt sich, wenn man vor den langen Reihen mit Langspießen beziehungsweise Piken steht. Soldaten, die weder Kampferfahrung noch Pferd oder Schusswaffen vorzuweisen hatten, bekamen sie in die Hand gedrückt. Sie mussten das Kriegshandwerk »von der Pike auf« lernen – und bildeten dann mit ihren »Spießgesellen« einen Kampfverbund. Und was hat es mit dem Gassenhauer auf sich? Heute ist damit ein Lied gemeint, das ins Ohr geht; einst bezeichnete der Ausdruck ein großes Schwert, das, mit beiden Händen geschwungen, eine Gasse in die gegnerischen Reihen schlug. Vier Kilogramm wiegt die Replik. Kaum bekommt der Besucher den Griff – das Heft – in die Hand gedrückt, erschließt sich eine weitere Redewendung.

Dass sich auch anno dazumal alles um Stil und Erscheinung drehte, verraten Extravaganzen wie die Bärentatzen-Schuhe der Turnierrüstungen und die mit aufwendigsten orientalischen Mustern verzierten Büchsen. Je höher der Rang, desto verspielter das Outfit. So mancher eitle Ritter ließ sich in das Visier seiner Rüstung einen Schnurrbart einätzen!

Uralte Handwerkstechniken wie das Plattnern sind in Graz noch nicht vergessen – und manchmal auch außerhalb der Rüstkammer von Nutzen. So haben die Restauratoren des Landeszeughauses etwa den Harnischen der vatikanischen Schweizergarde nach 500 Jahren Gebrauch wieder neuen Glanz verliehen.

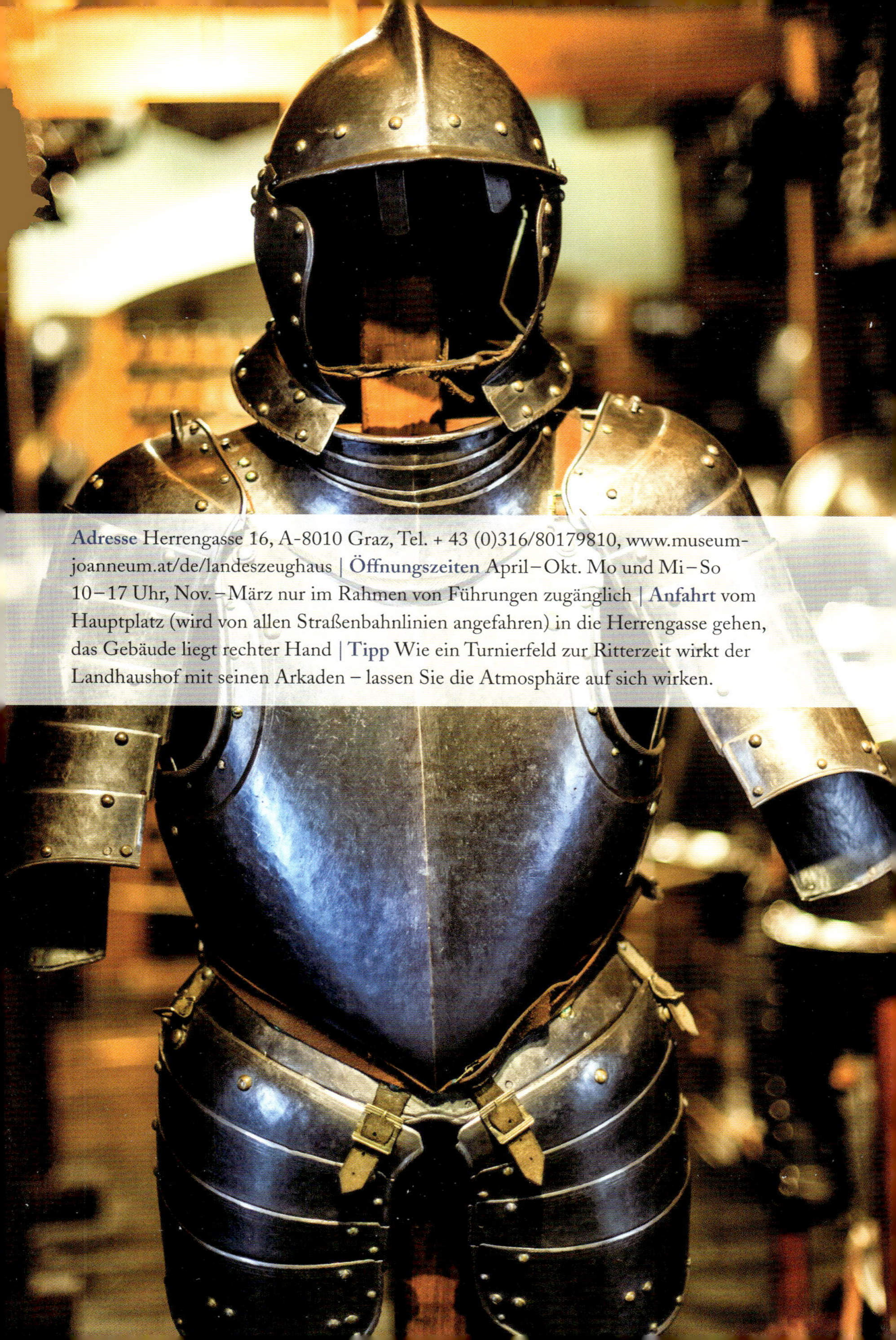

Adresse Herrengasse 16, A-8010 Graz, Tel. + 43 (0)316/80179810, www.museum-joanneum.at/de/landeszeughaus | **Öffnungszeiten** April–Okt. Mo und Mi–So 10–17 Uhr, Nov.–März nur im Rahmen von Führungen zugänglich | **Anfahrt** vom Hauptplatz (wird von allen Straßenbahnlinien angefahren) in die Herrengasse gehen, das Gebäude liegt rechter Hand | **Tipp** Wie ein Turnierfeld zur Ritterzeit wirkt der Landhaushof mit seinen Arkaden – lassen Sie die Atmosphäre auf sich wirken.

61 Die Leechkirche

Ruhepol einer modernen Stadt

Das Glacis ist eine stark befahrene Straße in Graz, in der Zinsendorfgasse rumort es von jungen, unternehmungslustigen Leuten. Umschlossen von diesen belebten Adern steht ein Kleinod sakraler Baukunst, Ruhepol und Ort der Besinnung, wo seit fast 1.000 Jahren Messen gelesen, Ehen geschlossen und Andachten gehalten werden – die Kirche Maria Himmelfahrt am Leech.

Sie ist die älteste Kirche von Graz und steht an einem Ort, der bereits Jahrhunderte vor Christi Geburt als Urnenfeld und Grabstätte gedient hat.

Der Name Leech – vom Althochdeutschen »hleo«, also »Hügelgrab« – weist ebenso darauf hin wie das kreisrunde Grundstück. Im ursprünglichen Kirchenschiff wurden Dachziegel gefunden, die bezeugen, dass auch zur Römerzeit hier eine Kultstätte beheimatet war. Eine romanische Kapelle war der Vorläufer der heutigen Leechkirche, die im 13. Jahrhundert im Stil der frühen Gotik erbaut und laut Reliquiensiegel 1293 vom Bischof von Gurk geweiht und dem Deutschen Ritterorden übergeben wurde. In dessen Besitz blieb der Sakralbau bis zum Jahr 1979. Heute dient er als Universitätskirche der Stadt Graz.

Das Kircheninnere hat seinen puristischen Charakter wunderbar erhalten, besonders beeindruckend ist eine Madonna mit dem Kinde von 1290, die über dem Portal ruht. Der Gesamteindruck einer Marienstätte entsteht durch Gewölbeschlusssteine und Holzfiguren, die allesamt heiligen Frauen gewidmet sind. Selbst auf dem modernen Fußboden lässt die lange Geschichte grüßen – in einer feinen Linie ist der Grundriss der romanischen Kapelle abgebildet.

Der Besucher kann diesen heiligen Ort zu Fuß umrunden und bei jedem Schritt spüren, dass hier Jahrhunderte, ja selbst Jahrtausende atmen. Dieser einzigartige und magische Platz lädt den gestressten Großstadtbürger ein, einen Augenblick zu verweilen und über die Vergänglichkeit seines Daseins nachzudenken.

Adresse am Ende der Rittergasse, A-8010 Graz | **Öffnungszeiten** täglich 9–18 Uhr | **Anfahrt** Buslinie 31, an der Haltestelle Zinsendorfgasse aussteigen, die Kirche ist nicht zu übersehen | **Tipp** Auf der Zinsendorfgasse sind Sie inmitten studentischen Trubels – Cafés, Kneipen, hippe Geschäfte, alles da!

62 Das Meerschein-Schlössl

Hochzeitswalzer unterm Fresko

Das Universitätsviertel lag um 1800 außerhalb der Stadtmauern und diente als freies Schussfeld gegen Feinde. Erst 100 Jahre zuvor waren die Türken besiegt worden, und nun durften sich hier Menschen ansiedeln. Der Kaffeesieder Johann Meerschein erkannte das schlummernde Potenzial und kaufte den weitläufigen Wurmbrandgarten, in dem die ehemalige Sommerresidenz des päpstlichen Nuntius Malaspina stand.

Das Gebäude im Stil Fischer von Erlachs und Lukas von Hildebrands war vom Grafen Gundakar Wurmbrand-Stuppach umgebaut und der Garten dem Volk zugänglich gemacht worden. Nun eröffnete der Nachbesitzer Meerschein im Schlössl ein Tanzcafé ersten Ranges für die Bewohner der neuen Vorstadt. Bis zum Einzug Napoleons 1809 ging hier Nacht für Nacht die Post ab, und Tausende Gäste schwangen unter einem Deckengemälde von Giulio Quaglio das Tanzbein. Nach dem Abzug der Franzosen wurde der Park verkauft und das Gebäude als Theater genutzt. Unter anderem trat hier in jungen Jahren Alexander Girardi auf, der später in Wien zum beliebtesten Volksschauspieler der Monarchie avancierte. Zu Beginn des 20. Jahrhunderts, als Europa in den Ersten Weltkrieg taumelte und viele Menschen ihre Ängste mit Drogen betäubten, wurde das Schloss sogar kurzfristig zu einem Sanatorium für Morphinisten. Danach kaufte es das Ministerium für Unterricht und Kunst und brachte es peu à peu in den glanzvollen Urzustand zurück.

Die alte Tradition der rauschenden Ballnächte in den Prachträumen des Schlosses kann jederzeit zum Leben erweckt werden. Die Universität Graz nutzt die Räumlichkeiten tagsüber für Vorlesungen und Seminare, doch am Abend dürfen Feste und Hochzeiten gefeiert werden. Rechtzeitig buchen, dann kommt das Brautpaar zum einmaligen Erlebnis, seinen Hochzeitswalzer unter dem »Kampf des Lichtes mit der Finsternis« zu tanzen, denn so heißt das Fresko des Renaissancemalers Quaglio.

Adresse Mozartgasse 3, A-8010 Graz, Tel. +43 (0)316/3802146 | **Öffnungszeiten** von außen frei zu besichtigen | **Anfahrt** Buslinie 58, an der Haltestelle Mozartgasse aussteigen | **Tipp** In der Heinrichstraße 18 finden Sie das »Uni-Cycle« – ein wirklich originelles Geschäft rund ums Rad.

63 Der Meislmichl

Köstlichkeiten im Glas

»Nomen est omen« – dieser Spruch trifft oft ins Schwarze, doch nicht in diesem Fall: Erich Falscheggers Delikatessengeschäft bürgt nämlich für Echtheit, Unverfälschtheit und ehrliche Qualität. Bei einer Osterjause im Meislmichl-Hof des Vaters in Stallhofen bei Graz reifte der Gedanke, Geselchtes, Kernöl und andere Köstlichkeiten direkt vom Bauern mitten in der Stadt zu verkaufen.

Sein Bauernladen florierte von Anfang an, im betuchten Geidorf-Viertel gibt es viele Menschen, die sich den urwüchsigen Geschmack der Steiermark auf der Zunge zergehen lassen wollen und den Charme des Nahversorgers zu schätzen wissen. Eine wahrlich außergewöhnliche Idee kam Falschegger, als ihm aus Kundenmund geklagt wurde, wie beschwerlich die Zubereitung feiner Speisen fiele. Flugs mietete er eine nahe gelegene Betriebsküche, begann mit Ehefrau Alex zu experimentieren, und bald wurden Gerichte kreiert, die selbst feinste Gaumen kitzeln. In Gläser abgefüllt finden sich heute naturbelassene Köstlichkeiten wie Lammsugo, Paprikahendl und selbst Kaiserschmarren in den Regalen des Meislmichl. Rezepte und Lebensmittel stammen aus der Region, Geschmacksverstärker oder Konservierungsstoffe haben keinen Platz in Erichs Küche, künstliche Aromen sind ihm ein Graus. Dass Qualität und Geschmack nicht teuer wie Gold sein müssen, beweisen die humanen Preise im Geschäft – ein Kleinkredit für ein Abendessen ist nicht notwendig!

Die Nachfrage ist enorm, und daher denkt Falschegger bereits an die Ausweitung seiner Produktion. Im nahen Pöllau hat er sich mit einem Fleischermeister zusammengetan, der seine Ansichten teilt: Es geht auch anders, Speisen können naturbelassen und trotzdem für jedermann erschwinglich sein. Die Mission ist klar und nicht »impossible«: Unsere Welt soll Schritt für Schritt von Junkfood und faden Einheitsgerichten befreit werden – mit dem Meislmichl als Speerspitze.

Adresse Heinrichstraße 8, A-8010 Graz, office@meislmichl.at, www.meislmichl.at | **Öffnungszeiten** Mo–Fr 9–13 und 15–19 Uhr, Sa 9–13 Uhr | **Anfahrt** Buslinie 31, an der Haltestelle Geidorfplatz aussteigen und in die Heinrichstraße gehen | **Tipp** In der Villefortgasse 3 befindet sich das Lokal Mueller, hier werden in einer winzigen Küche vom Chef persönlich herrliche Speisen gezaubert.

64 Das Modegeschäft Knilli

Stil und Persönlichkeit

Was macht elegante Kleidung aus? Wo sind Beratung und Service perfekt? Wo betritt man das Geschäft und fühlt sich sofort wohl? Globaler Geschmack hat zu Einheitskleidung geführt, die man in weltweit operierenden Bekleidungsketten kaufen kann, Standardware ohne persönlichen Touch – nein danke! Glücklicherweise gibt es Kaufleute, die sich bemühen, auf Individualität und persönliche Ansprüche von Kunden einzugehen – wie seit Jahrzehnten »Der Knilli« in Graz.

Hatte die Großmutter noch mit respekteinflößender Hochsteckfrisur an der Kasse des Geschäfts gesessen, das mit Holztäfelung und geräuschdämpfenden Teppichen Exklusivität pur verströmte, betritt der Kunde heute lichtdurchflutete Räume und modernstes Ambiente. Auf mehreren in sich verschränkten Ebenen bekommt man von Casual-Ware bis zum eleganten Abendanzug alles, was das Herz begehrt.

Was die Marken anbelangt, sei nur gesagt – hier sind alle großen Designernamen versammelt, doch der Unterschied zu Kaufhäusern liegt im Detail. Eva Haider-Knilli und Sohn Stephan sorgen mit bestens geschulten Beratern dafür, dass dem Kunden nicht teurer Tand umgehängt wird, sondern Persönlichkeit und Kleidungsstil perfekt aufeinander abgestimmt sind. Besonderer Service abseits der Garderobe sind eine eigene Maßschneiderei und detektivisches Gespür: Wenn man in Mailand oder Paris etwas gesehen hat, das man unbedingt haben will, heftet sich Knilli an die Fersen des Gewünschten und organisiert das Teil frei Haus. Frischluft gibt es als Draufgabe, Herren- und Damen-Geschäft liegen am Joanneumring schräg gegenüber – also durchatmen und weiterschwelgen.

Die Atmosphäre einer Stadt wird durch Geschäfte wie Knilli erzeugt, hinter denen reale Personen und nicht anonyme Konzerne stehen. Hier befindet sich ein kleines Universum des Stils, in das der Kunde voll und ganz eintauchen kann.

Adresse Joanneumring 9–11, A-8010 Graz, Tel. +43 (0)316/8254567, knilli@knilli.at, www.knilli.at | **Öffnungszeiten** Mo–Fr 9.30–18 Uhr, Sa 9.30–17 Uhr | **Anfahrt** vom Jakominiplatz (wird von allen Straßenbahnlinien angefahren) auf den Joanneumring gehen, das Geschäft liegt linker Hand | **Tipp** Direkt gegenüber befindet sich das Haus der Kunst – eine Verkaufsgalerie mit breitem Angebot.

65 Der Mühlgang

Urbane Kraftquelle

Ist es ein Kanal? Ein Bach? Eine leicht geheimnisvolle Aura umgibt den Mühlgang, der sich durch die Bezirke Gösting, Lend, Gries und Puntigam nach Süden schlängelt. Manchmal verschwindet er unter Betonplatten, taucht dann wieder in einem Park auf, passiert wie ein »Canal piccolo« Wohnhäuser und die 40 Meter hohen Silos der Rösselmühle (die vor Kurzem als letzte Grazer Mühle den Betrieb eingestellt hat) und plätschert dann durch Schrebergärten. Rohrleitungen queren den wenige Meter breiten Wasserlauf, der von Planken, Betonplatten und Steinen eingefasst wird. Doch hinter dem wenig attraktiven Erscheinungsbild verbergen sich interessante Geschichten.

Vermutlich im 13. Jahrhundert wurde der Kanal angelegt, um Gerbern, Müllern und anderen Gewerben am rechten Murufer das für ihr Handwerk notwendige Wasser zur Verfügung zu stellen. Ein Aspekt, der etwa durch das Schöpfrad im Volksgarten vergegenwärtigt wird.

Heute wird das Wasser für die Energiegewinnung genutzt. Neun Kleinkraftwerke findet man am 14 Kilometer langen Abschnitt im Grazer Stadtgebiet. Die Genossenschaft der Kraftwerksbetreiber, das Alte Mühlconsortium, ist für die Erhaltung der Sohle zuständig. Großreinemachen ist im Herbst angesagt. Weil manche den Mühlgang als »Müllgang« missverstehen, tauchen bei der »Abkehr« Kühlschränke, Fahrräder und weitere Absonderlichkeiten auf.

Barben, Salmoniden und Co. haben in den trüben Fluten ihren Lebensraum. Bis zu 1.500 Kilogramm Kiemenatmer siedelt der Arbeiterfischereiverein Graz jährlich in die Mur um, die den Mühlgang auch speist. Lungenatmern wird übrigens vom Mühlgangbad behördlich dringend abgeraten, ist die Strömung doch nicht zu unterschätzen. Die einstige Badetradition versuchte im Kulturhauptstadtjahr 2003 ein Club der Nichtschwimmer mit der Errichtung eines Holzsteges vor der Rösselmühle wieder in Erinnerung zu rufen – allerdings nur symbolisch.

Adresse von Weinzödl bis Kalsdorf, im Innenstadtbereich etwa im Volksgarten oder entlang der Elisabethinergasse gut zu besichtigen | **Anfahrt** Straßenbahnlinien 1, 3, 6 und 7, Haltestelle Roseggerhaus | **Tipp** Wer in Graz der Fischerei frönen will, setzt sich mit dem Arbeiterfischerverein in Verbindung (www.afv-graz.at, office@afv-graz.at). Für einen weiteren Spaziergang am Wasser empfiehlt sich die Murpromenade am linken Flussufer.

66 Das MUMUTH

Ohren- und Augenschmaus

An der Kunstuniversität Graz (KUG) kann man Jazz genauso studieren wie Kammer-, Kirchen- und Computermusik, sich an Dutzenden Instrumenten ausbilden lassen, das Handwerk der Schauspielerei erlernen oder ein Gefühl für Bühnen- und Klanggestaltung bekommen. Schön und gut – aber was bringt das jemandem, der seine Berufswahl längst getroffen hat? Ganz einfach: Den Grazern oder Graz-Besuchern bietet die KUG ein ebenso vielfältiges wie zeitgenössisches Konzertangebot, das oft kostenlos oder, wie beim abo@MUMUTH, für einen Pappenstiel zu haben ist. Wenn dazu noch das MUMUTH der Schauplatz ist, kommt man auch in den Genuss sensationeller Architektur.

2009 wurde das vom Niederländer Ben van Berkel entworfene Haus für Musik und Musiktheater eingeweiht. Vor seine Hülle aus Glas und Beton ist mit etwas Abstand ein feinmaschiges Metallgewebe gespannt, das den Baukörper wie eine zweite, halbtransparente Haut umhüllt. Bei abendlicher Beleuchtung scheint das MUMUTH von innen heraus sanft zu pulsieren. Noch futuristischer mutet jedoch der »Twist« an, der sich vom lichtdurchfluteten Hauptfoyer emporwindet und dabei den Gesetzen der Schwerkraft zu trotzen scheint. Die Betonspirale verleiht dem Bau statisch Rückgrat und dient über eine integrierte Treppe zugleich als Verbindung zwischen den Geschossen. Auf Hochglanz poliertes Metall, in Rot gehaltene Stufen, Betonwände, in die Bullaugen-Elemente eingelassen sind, darüber eine lamellenartige Decke – man wähnt sich in der Kommandozentrale eines Raumschiffs.

Auch akustisch spielt das MUMUTH alle Stücke: Im 450 Besucher fassenden György-Ligeti-Saal etwa lässt sich von der Atmosphäre eines Jazz-Clubs über Naturklang bis zum Orchesterkonzert jeder Sound maßschneidern. Da bleibt nur eins: Den monatlichen Folder der Kunst-Uni Graz schnappen, die MUMUTH-Veranstaltungen rot anstreichen – und mit allen Sinnen genießen!

Adresse MUMUTH – Haus für Musik und Musiktheater der Kunst-Uni Graz, Lichtenfelsgasse 14, A-8010 Graz, Tel. +43 (0)316/389*1330, Durchwahl *1334 für Führungen, info@kug.ac.at, www.mumuth.at | **Öffnungszeiten** bei Studienbetrieb Sept.–Juli, diskretes Sightseeing erbeten, Konzerte laut Veranstaltungskalender | **Anfahrt** Straßenbahnlinien 1 und 7, an der Haltestelle Lichtenfelsgasse/Kunstuniversität aussteigen | **Tipp** Etwas konventioneller, was Architektur und Musikangebot betrifft, aber dennoch einen Besuch wert: die Grazer Oper am Kaiser-Josef-Platz (www.oper-graz.com).

67 Das Münzkabinett

Von Gold und Geld

»Gold und Silber lieb ich sehr, kann's gar wohl gebrauchen, hätt ich nur ein ganzes Meer, um darin zu tauchen.« Dagobert Duck trällert dieses Liedchen, wenn er das tägliche Bad in der Goldflut seines Geldspeichers nimmt. Die Augen würden überquellen, wüsste er, dass weit weg von Entenhausen im prächtigen Schloss Eggenberg eine Kammer existiert, die seinen Sehnsüchten ewige Befriedigung verschaffen könnte – das Münzkabinett.

Zwei Ausstellungsräume mit geschwungenen Bogendecken und Hightech-Design modernster Prägung sind Schauplatz und Geschichtsbuch zugleich: Der Besucher kann mittels computergesteuerter Lupen jede Einzelheit der glänzenden Raritäten betrachten und wird über Herkunft, Anziehungskraft und Wertverfall der Pekunia informiert. Die Zentralvitrine im Hans-Ulrich-von-Eggenberg-Raum wird von zwei kunstvoll geschnitzten Pantherfiguren gekrönt und erinnert an den Erbauer des Schlosses. Die Wappentiere weisen den Weg zu den Zeugen des steirischen Münzwesens von der Antike bis zur Schließung der Münzstätte Graz im 18. Jahrhundert. Highlights sind ein gefasster Aureus des Kaisers Gordianus III., eine Medaille Erzherzog Karls II. aus dem 16. Jahrhundert und der Münzschatz von Scheifling mit mehr als 100 Goldstücken aus der Renaissance. Im Raum »Balthasar Eggenberger« glitzert es zwar weniger, doch man erfährt umso mehr über diesen Finanzjongleur des ausgehenden Mittelalters. Balthasar war Münzmeister Friedrichs III. und Zeitzeuge der ersten Inflation der Geschichte – sic transit gloria mundi!

Die Schätze des Kabinetts sind schon von vielen mit großen Augen bewundert worden, und erfahrene Museumsaufseher meinen, so manches Dollarzeichen in den Pupillen gesehen zu haben. *Der* Besucher schlechthin fehlt jedoch noch in den ehrwürdigen Hallen – ein angejahrter Erpel mit Zylinder, rotem Gehrock und Gamaschen!

Balthasar und Kaiser Friedrich III.

Adresse Eggenberger Allee 90, A-8020 Graz, Tel. +43 (0)316/80179513, muenzkabinett@museum-joanneum.at | **Öffnungszeiten** April – Nov. Mi – So 10 – 17 Uhr | **Anfahrt** Straßenbahnlinie 1, an der Station Schloss Eggenberg aussteigen und ins Schloss hineingehen | **Tipp** Besuchen Sie das »Rudolf« in der Eggenberger Allee 91, dieses Lokal ist fast so vielfältig wie die Münzsammlung.

68 Das Parkhouse

A Night in the Park

Der Stadtpark ist eine Idylle der Ruhe und Entspannung, Spaziergänger flanieren durch die Alleen, und im Wasser des Burggrabens tummeln sich Enten und andere Wasservögel. Mittendrin summt es wie in einem Bienenstock, von früh bis spät scharen sich Leute um ein kleines Rondeau mit gemauertem Gastgarten, hier vibriert die Luft und geht die Post ab – das Parkhouse ist *die* Sommer-Location schlechthin!

Lange Zeit lag der Pavillon im Dornröschenschlaf und galt als Geheimtipp für ältere Semester. Die 1928 eröffnete Milchbar (das war damals in!) fiel in den 1990er Jahren einem Brand zum Opfer: Eigentlich tragisch, doch mit dem neuen alten Gewand wurde alles anders, junge und dynamische Betreiber begannen, das verstaubte Image ordentlich aufzupolieren. Das Gebäude steht zwar unter Denkmalschutz, doch statt Melange mit Apfelstrudel sind ausgelassene Stimmung, heiße Rhythmen und coole Drinks angesagt. Live-Bands und DJs sorgen für die Beschallung, Melonenbowle und Kardamint-Spritzer sind die Spezialität des Hauses, und der Bierhahn steht niemals still – diese Atmosphäre kann man um kein Geld der Welt kaufen! Durch die einzigartige Lage im Grünen wird niemandes Nachtruhe gestört, und die Sperrstunde ist kein vorrangiges Thema – in lauen Nächten quellen Bar und Gastgarten über. Wer keinen Platz findet, der kann gelassen bleiben – einfach Getränke mitnehmen und in die Wiese setzen.

Conchita Wurst war die strahlende Siegerin des European Songcontest 2014 und versetzte ganz Österreich in einen Freudentaumel. Parkhouse-Kennern ist dieses Gefühl nicht fremd, denn jahrelang wurde diese Veranstaltung hier auf Großleinwand übertragen und zum Spektakel für Tausende; leider schritt die Stadtverwaltung ein und verbot das Megaevent. Wer weiß, vielleicht geht dem Magistrat im Zuge der Conchita-Mania der Knopf auf und die Lichter im Stadtpark wieder an.

Adresse Stadtpark 2, A-8010 Graz, Tel. +43 (0)316/827434, www.parkhouse.at | Öffnungszeiten Sommer 10 Uhr bis open end, im Winter am Wochenende 15–1 Uhr | Anfahrt Buslinie 31, an der Station Zinsendorfgasse aussteigen und durch den Stadtpark zum Lokal gehen | Tipp Gehen Sie in den Burggarten (Eingang neben dem Burgtor) – eine traumhafte Grünanlage!

69_Das Pell Mell

Mode-Kraftwerk

Kraut und Ruab'n – dieser Begriff steht im Dialekt für ein buntes Durcheinander und ist Namenspatron für eine innovative Boutique in der Griesgasse. »Pell Mell« ist die englische Übersetzung: So heißt der Laden, in dem Mode nicht nur entworfen, hergezeigt und verkauft, sondern die Rolle der Bekleidung in unserer Welt und Gesellschaft ausgeleuchtet wird. Karin Wintscher-Zinganel, Bettina Reichl und Yü-Dong Lin haben hier ein Designkraftwerk eingerichtet, in dem Multikulti kein Schlagwort, sondern fashionable Realität geworden ist.

Die drei Frauen haben ihr Handwerk in Österreich und den USA gelernt, die Idee einer gemeinsamen Modelinie wurde vor zehn Jahren geboren. Im Pell Mell wird Kleidung präsentiert, die durch Schlichtheit, Raffinesse und Minimalismus besticht, die Stücke sind nicht eindeutig zuordbar und vielseitig verwendbar. Der Plan der zukunftsorientierten Couturiers ist klar umrissen: Trägerinnen bestimmen die Funktion – ob als Arbeitskleidung oder Abendrobe, das Gewand ist mit jedem Anlass kompatibel. Im Showroom gibt es Performances mit Gastdesignerinnen aus anderen Kulturen, denn modischer Austausch zwischen den Kontinenten bedeutet zusätzliche Inspiration. »Assembly« und »Crossing Fashion« heißen die Events, an denen Pell Mell tatkräftig mitwirkt – hier verschwimmen die Grenzen zwischen Design und Kunst, Modeschauen werden zum Gesamterlebnis.

Kultur definiert sich stark über die Bekleidung, gesellschaftliche Stellung und die Freiheit des Individuums können am Outfit abgelesen werden. In der westlichen Welt ist es nicht allzu lange her, dass sich Frauen in Korsetts quetschten, um der Umwelt zu gefallen. Mutige Modemacherinnen wie Coco Chanel haben diese Zwänge aufgehoben und den Frauen zu mehr Selbstbewusstsein verholfen. Vielleicht schwappt ja auch vom Kraftfeld des Pell Mells mit seinen interkulturellen Werten ein starker Impuls über das Land!

Adresse Pell Mell – Girl & Men Shop, Griesgasse 4, A-8020 Graz, Tel. +43 (0) 699/ 17256816 (Bettina Reichl), www.pellmell.at | **Öffnungszeiten** Mo–Fr 10–18 Uhr, Sa 10–13 Uhr | **Anfahrt** mit den Straßenbahnlinien 1, 6 und 7, an der Station Südtiroler Platz aussteigen und in die Griesgasse gehen, die Boutique liegt rechter Hand | **Tipp** Für Nachtschwärmer gibt es in der Griesgasse 34 die »Frühbar Beate« – Eins-a-Schnitzel und Schlagermusik, bis der Morgen graut.

70_Der Planetengarten

Poesie in jedem Pflanzenstängel

»Männer sind vom Mars, Frauen von der Venus« – mit diesem Buchtitel landete der US-Autor John Gray in den 1990er Jahren einen Welterfolg. In seiner These vom unterschiedlichen Kommunikationsverhalten der Geschlechter klingt auch die uralte »Signaturenlehre« nach, wonach zu Sternbildern verwandelte Götter ihre Eigenschaften in einem langsamen Abstieg durch den Kosmos weitergeben, jeder Planet seine »Kinder« unter den Menschen hat und auch Pflanzen, Tiere, Mineralien oder Farben mit seiner »Signatur« prägt.

In Schloss Eggenberg fand das Prinzip etwa im 1685 fertiggestellten Planetensaal seinen Niederschlag. Doch auch eine moderne Version gibt es: In Anlehnung an die traditionellen Vorstellungen schuf die Architektin Helga Maria Tornquist einen Themengarten unter dem Signum der sieben »klassischen« Planeten: Merkur, Venus, Mars, Jupiter, Saturn sowie Sonne und Mond.

Es ist ein Reich der Poesie und der literarischen Verweise, das sich etwas versteckt im rückwärtigen Teil des Schlossparks auftut. Grandezza herrscht im Garten der Sonne. Ihn durchzieht ein Laubengang, bepflanzt mit Goldregen und Lorbeer. Diskret-einladend präsentiert sich der Garten der Liebesgöttin. Eine Venusstatue lenkt die Blicke auf sich, gelbe Rosenpracht heischt nach Bewunderung, ein Maiglöckchen-Wald entsprießt einem herzförmigen Beet. Kriegsgott Mars manifestiert seine Natur in den Dornen von Berberitzen – sein Reich kennt keine Blumen und lässt Nähe nicht zu. Jupiter wiederum sind Großgewächse und Blumen mit ausladenden Kelchen zugeordnet, die Raumanspruch symbolisieren. Besonders gekonnt ist das Spiel mit Oberflächen, Formen und Farben im Reich des Melancholikers Saturn. Efeuumrankte Bäume, Eiben und immergrüne Gewächse, die auch den Winter überstehen, ducken sich im Schatten der Gartenmauer. »Saturn regiert die Nacht, das Schwarz, das hohe Alter«, steht auf einem Schild zu lesen.

Adresse Eggenberger Allee 90, A-8020 Graz, Tel. +43 (0)316/80179532 | **Öffnungszeiten** April–Okt. täglich 8–19 Uhr, Nov.–März täglich 8–17 Uhr | **Anfahrt** Straßenbahnlinie 1, an der Haltestelle Schloss Eggenberg aussteigen | **Tipp** Lassen Sie sich Zeit für eine Besichtigung von Schloss Eggenberg. Zu den Höhepunkten zählen der Planetensaal und der Osaka-Paravent mit einer der ältesten Ansichten der japanischen Stadt. Rosenfreunde sollten sich die Führungen durch den Rosengarten, von Ende Mai bis Mitte Juni, nicht entgehen lassen.

71 Die Prellsteine

Hauseck mit Helm

Die Straßen Österreichs sind von Leitpflöcken gesäumt, die traurig am Wegesrand stehend ihr glanzloses Plastikleben fristen. Wer käme denn auf die Idee, Abgrenzungspfähle schmückend zu gestalten, wo es doch nur um pure Funktionalität geht?! In vergangenen Zeiten gab es Hausbesitzer, die das Nützliche mit dem Angenehmen verbanden und sogenannte Prellsteine an ihren Grazer Stadthäusern anbrachten.

Damals beherrschten Fuhrwerke den öffentlichen Verkehr, deren Lenker nicht immer ganz nüchtern waren und nicht nur die Kurve, sondern ab und zu auch ein Hauseck (mit)nahmen. So wurden kleine Wehranlagen aus Stein oder Metall angebracht, die Gespanne derartig beschädigen konnten, dass es für Kutscher besser war, ihnen weiträumig auszuweichen. Im Laufe der Stadtveränderung gingen viele dieser Böcke verloren, doch einige wurden ins 21. Jahrhundert gerettet. Geht man mit offenen Augen durch die Stadt, kann man sogar das ein oder andere versteckte Meisterwerk entdecken! Die bekanntesten sind an drei Stellen zu finden: Am Franziskanerplatz, neben dem Restaurant Don Camillo, halten gusseiserne Bären ihren Buckel hin. Der Schanzlwirt in St. Leonhard hat sich im 18. Jahrhundert ein eigenes Denkmal gesetzt, denn die Steinfigur am Eck stellt einen zufrieden grinsenden und feisten Wirt dar. Der prächtigste Prellstein steht jedoch beim Palais Thinnfeld am Südtirolerplatz – ein kunstvoll geschmiedeter Eisenhelm hält alles »Anstößige« auf Distanz.

Wie schön wäre die Welt, wenn man sich ein Beispiel an den alten Gepflogenheiten nehmen und die Innenstädte mit Prellsteinen architektonisch aufmöbeln würde. Je nach Geschmack könnten die herrlichsten Gestalten den Wegesrand säumen: So vielfältig die Menschen, so vielfältig wären dann die Zeichen ihrer Phantasie – vom goldenen Gartenzwerg bis zum lächelnden Buddha – alles ist möglich!

Adresse zum Beispiel Schanzlgasse Ecke Elisabethstraße, A-8010 Graz | Anfahrt Straßenbahnlinie 7, an der Haltestelle Blindeninstitut aussteigen und die Elisabethstraße queren, der Prellstein steht linker Hand | Tipp Der nahe St.-Leonhard-Friedhof ist die letzte Ruhestätte des Architekten Theophil Hansen.

72 Das Ragnitzbad

Oase vor der Haustür

»Pack die Badehose ein, nimm dein kleines Schwesterlein und dann nichts wie ab zum …« Wannsee gibt es keinen in der Stadt, doch das Ragnitzbad ist ein würdiger Ersatz für die Berliner Oase. Genau genommen ist das Bad ja auch ein See, denn vor dem Ersten Weltkrieg trat durch ein gigantisches Hochwasser der Ragnitzbach über die Ufer und bildete hier einen malerischen Naturteich. Diese »Froschlacke« entwickelte sich zu einem entzückenden Waldbad, dessen Wasserqualität hervorragend ist. Im Gegensatz zu sterilen und zubetonierten Bäderbunkern ist der ursprüngliche Charme erhalten geblieben.

Sommerfrische in der Stadt – was gibt es Schöneres, als aufs Rad zu steigen oder zu Fuß in ein Schwimmbad zu gehen, das alle Vorzüge der Naherholung aufweist. Das Wasser ist kristallklar und kühlt die auf den Liegewiesen aufgeheizten Körper. Kabinen und Kästchen sind aus kunterbunt bemaltem Holz, das Buffet ein Zitat der goldenen Sechziger – grün umwachsen und umschattet, ein lauschiges Plätzchen für eine Jause nach anstrengendem Schwimmtraining.

Wer die modernen Errungenschaften eines Erlebnisbades sucht, über gigantische Wasserrutschen gleiten oder von turmhohen Trampolinen springen will, der ist im Ragnitzbad allerdings fehl am Platz. Hier wird der Entspannung gefrönt und eine Auszeit von der alltäglichen Hektik genommen. Der große Vorteil: Kein Flieger auf die Malediven oder nach Dubai ist dafür vonnöten, der kühle Himmel liegt gleich vor der Haustür.

An dieser Stelle gebührt der hohen Politik einmal ein Lob: Die weisen Grazer Stadtväter haben rechtzeitig erkannt, dass Individualität und Wohlfühl-Atmosphäre gestresste Bürger glücklich machen. In einer anderen Stadt wären bereits die Bagger angerückt und hätten Platz für ein paar Penthäuser geschaffen – Luxusimmobilien können aber Gott sei Dank noch nicht wählen!

Adresse Pesendorferweg 7, A-8047 Graz, Tel. +43 (0)316/301777, www.ragnitzbad.com | Öffnungszeiten während der Badesaison täglich 9–19 Uhr | Anfahrt Buslinie 77, Haltestelle Macherstraße, das Ragnitzbad liegt rechter Hand | Tipp Die Berliner-Ring-Siedlung ist ein Paradebeispiel der Wohnungsarchitektur aus den 1960er Jahren.

73__Das Rechbauerkino

Niveau statt Krach-Bumm

Um Blockbuster made in USA formatfüllend auf die Leinwand zu bringen, bedarf es gewaltiger Dimensionen: Explosionen müssen durch Dolby-Surround akustisch untermalt werden und das Blut in 3D am Besucher vorbeispritzen. Solche Movies haben ihr Publikum – für Filmliebhaber allerdings, die es langsamer angehen und Stunden voller Poesie und Anspruch verbringen wollen, gibt es in Graz eine Kultstätte des Zelluloids – das Rechbauerkino.

Regiealtmeister und Produzent Dieter Pochlatko hat sich mit diesem Refugium des hochwertigen Films einen Traum erfüllt und versorgt eine treue Fangemeinde mit ständigem Nachschub an niveauvoller Unterhaltung. Hier laufen Streifen, die es wegen zu geringer Morddichte nicht in die Movie-Center schaffen und emotional nicht mit dem Vorschlaghammer zuhauen. Mit der Eintrittskarte kann man sich einen Sprachkurs sparen, denn Originalfassungen mit Untertiteln gehören zum Standard-Repertoire. Foyer und Buffet strahlen den Sperrholz-Charme der 1980er Jahre aus und eignen sich hervorragend für ein Pläuschchen nach der Vorstellung – zum Zweck einer Privatvorstellung kann man den Saal sogar mieten. Wer es sich auf dem Sofa gemütlich machen will, dem sei ein Besuch der hauseigenen Videothek empfohlen – hier gibt es eine schier unbegrenzte Auswahl an Meisterwerken der Filmgeschichte und aktuellen Art-House-Streifen. So oder so, mit einem Abstecher in dieses Kino inhaliert man die Filmwelt in vollen Zügen und erlebt den Zauber der laufenden Bilder hautnah.

Den neuesten Erkenntnissen der Psychologie folgend, tüfteln Experten jenseits des Großen Teichs bereits am Erlebnis »Totales Kino«. Da sitzt der Zuschauer nicht mehr im Saal, sondern ist mittendrin, rundherum fliegen die Fetzen, und eine Parallelwelt wird geöffnet wie die Büchse der Pandora – viel Spaß! Dann lieber ein Packerl Sportgummis kauen und sich im Rechbauerkino Nouvelle Vague vom Feinsten anschauen.

Adresse Rechbauerstraße 6, A-8010 Graz, Tel. +43 (0)316/830508 | **Öffnungszeiten** täglich 15.30–22 Uhr (bei früheren Beginnzeiten ab 30 Minuten vor der ersten Vorstellung) | **Anfahrt** Straßenbahnlinie 7, an der Station Maiffredygasse aussteigen, die Rechbauerstraße ist die erste Straße rechts | **Tipp** Gleich daneben auf einer Grüninsel befindet sich der Studenten-Wohnungsservice – architektonisch ein Kleinod.

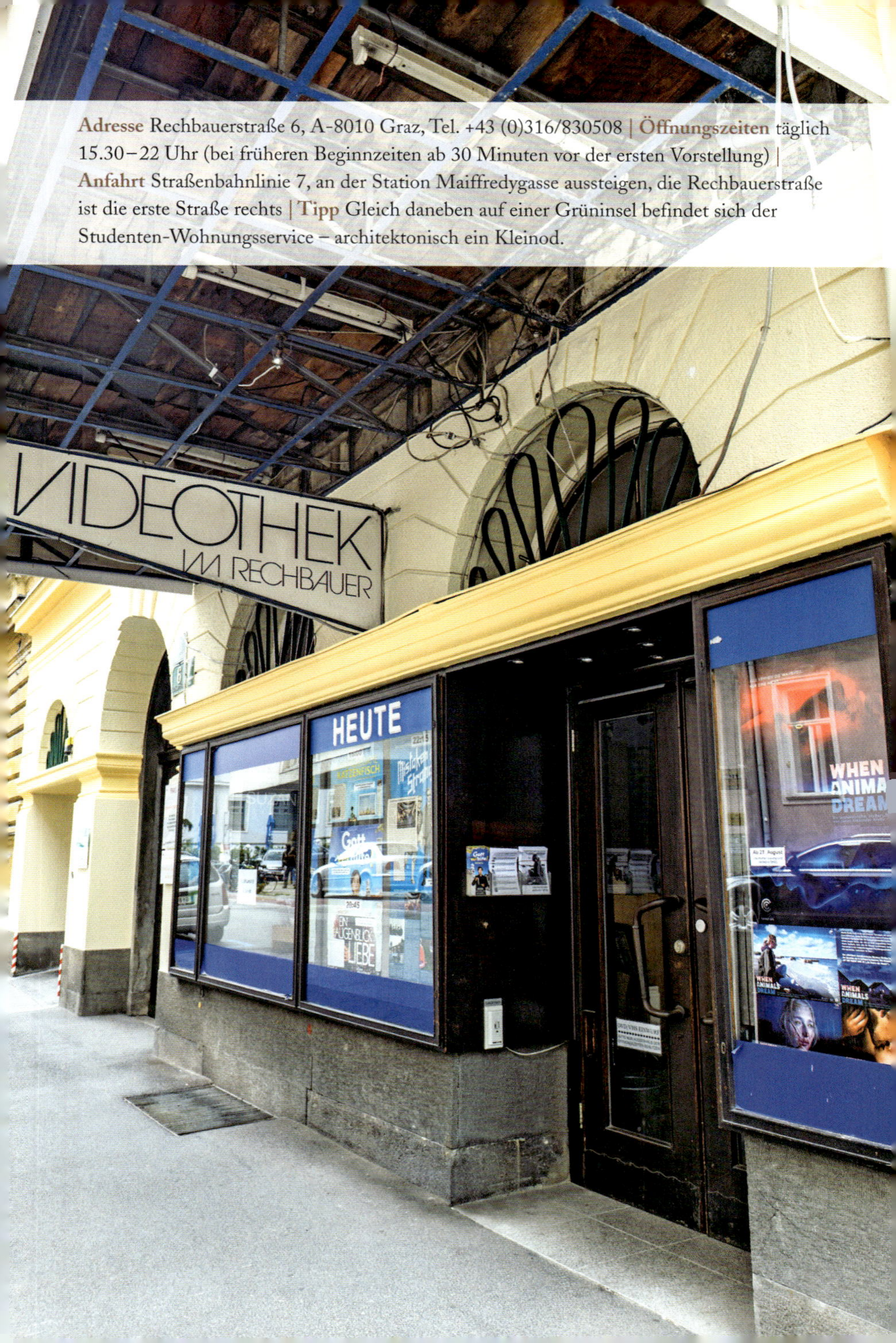

74 Das Rhizom

Solisten im Kollektiv

Was ist der erste Gedanke, wenn man den Begriff »Verein zur Förderung medienübergreifender Kulturarbeit« hört? Hier weht ein Hauch tiefstgreifender Bürokratie, von Spinnweben umwobene Funktionäre schieben Aktenberge von einer Seite zur anderen und lassen rege Geister am ausgestreckten Arm verhungern. – Weit gefehlt! Rhizom ist der Kurzbegriff dieses Wortmonsters, das als satirisches Zitat auf staatsgelenkte Institutionen dienen mag – die Struktur des Vereins ist von Hierarchie weit entfernt, und der Wind der Kreativität verbläst hier jede noch so dicke Tarantel.

1988 wurde ein erstes »Basislager« in Graz errichtet, momentan sind die Zelte in der Jakoministraße aufgeschlagen. Doch Rhizom ist flexibel, immer unterwegs und stets bereit für neue Taten. Ungenutzte öffentliche Räume in Stadt und Land werden zur temporären Benutzung in Beschlag genommen, in tiefe Täler und abgelegene Dörfer wird vorgestoßen, um Kunst als »Lebensmittel« an die entferntesten Orte zu tragen. Das Schöne offenbart sich an jeder Ecke – man muss nur wissen, wie und wo! Die Wurzel wächst weiter und dringt in ferne Länder vor: Ob in Nicaragua oder Bosnien-Herzegowina, überall wird zusammen mit einheimischen Künstlern gearbeitet und werden neue Perspektiven entworfen. Weltweit gilt das rhizomatische Motto: Wir sind Solisten und Kollektiv zugleich, alle Beteiligten befinden sich im Wechselspiel des gemeinschaftlichen Handelns, Kunst ist allgegenwärtig!

»Im Rhizom gibt es das Beste und das Schlimmste: die Kartoffel, die Quecke, das Unkraut.« Dieses Zitat der Philosophen Gilles Deleuze und Felix Guattari ist Vorbild und Maxime der Künstlervereinigung – nicht nur in Höhe und Tiefe soll die Struktur der Kunst gehen, sondern nach allen Seiten ausbrechen und neue Früchte tragen. Das Rhizom ist eine wahrhaftige Vernetzungsmaschine – eines ergibt das andere, die Wurzel wird zur Blüte und diese wieder zum Keim.

Adresse Büro: Jakoministraße 16/2, A-8010 Graz, Tel. +43 (0)699/12040482, Programm auf: www.rhizom.mur.at | **Anfahrt** nach Bedarf des Veranstaltungsortes | **Tipp** Neben dem »Headquarter« in der Jakoministraße 18 finden Sie das Altwarengeschäft »Josef Lampl's Witwe« – eine richtige Schatztruhe!

75__Die Riversurfer-Spots

Mensch gegen Mur

Was haben Graz und Hawaii gemeinsam? Ganz einfach – eine coole Surferszene. Während an den Stränden von Oahu schon seit Hunderten von Jahren dem wilden Ritt auf den Wellen gefrönt wird, ist die Mur ein vergleichsweise junges Revier für die Surfer – aber eines, das für Action und Adrenalin im Herzen der Stadt sorgt. In Ermangelung an Riesenwellen, die mit ohrenbetäubendem Donnern auf den Surfer zurasen, muss am Fluss improvisiert werden. Eine stehende Flusswelle braucht der Riversurfer, aber die ist sensibel. Kaum schwankt der Wasserpegel etwas, kann sie in sich zusammenfallen. Wenn es stark geregnet hat oder der Fluss Hochwasser führt, dann ist die Stunde der Grazer Riversurf-Community gekommen.

Und das läuft so ab: Am Brückengeländer wird ein Seil befestigt, das im Wasser landet. Von der Einstiegsstelle oberhalb der Brücke paddelt ein Mitglied der unerschrockenen Riversurfer-Community mit seinem Board in die Strömung hinaus. Ohne Neoprenanzug geht nichts, speist sich die Mur doch aus der kältesten Region Österreichs, dem Salzburger Lungau. Das schlingernde Seil wird anvisiert und gepackt – das ist der Schlüsselmoment. Der starken Strömung Muskelkraft und Gleichgewichtsgefühl entgegenhaltend, versucht der Riversurfer, sich auf die Knie und dann in eine aufrechte Position hochzuziehen.

Manchmal geht das Match auch zugunsten der Mur aus. Ist diese Hürde jedoch genommen, kann der Ritt beginnen. Jetzt geht es darum, Balance zu bewahren, die Tücke der Welle auszugleichen, vielleicht einen »turn« hinzukriegen oder einen neuen Trick zu wagen. Das Drama steuert seinem Höhepunkt zu. Uff, geschafft, eine gute Performance, die perfekte Welle geritten. Es ist spannend, zuzusehen, wie die Grazer Riversurfer den Elementen trotzen. Nach München mit seinem berühmten Eisbach ist die Murmetropole die zweite größere Stadt Europas, in der sich eine Flusssurferszene verankert hat.

Adresse Erzherzog-Johann-Brücke (Hauptbrücke) und Radetzky-Brücke, A-8020 Graz | **Öffnungszeiten** Frühling bis Herbst, am besten frühabends sowie am Wochenende, am Radetzky-Spot eher bei sommerlichem Hochwasser | **Anfahrt** Straßenbahnlinien 1, 3 und 7, an der Station Südtiroler Platz/Kunsthaus aussteigen und in Richtung Mur zur Erzherzog-Johann-Brücke gehen (Hauptbrücke); die Radetzky-Brücke ist die übernächste flussabwärts | **Tipp** Nach so viel Action etwas Architektur: Das GVB-Gebäude am Andreas-Hofer-Platz ist ein Prachtstück der 1960er Jahre.

76 Die Robert-Stolz-Büste

Die ganze Welt ist himmelblau

Der Schauspieler Christoph Waltz hat zwei Oscars eingeheimst und seinem Heimatland wieder einmal einen großen Sohn geschenkt. Es ist außerordentlich selten der Fall, dass ein Österreicher die kleine Goldstatue in Händen hält oder nur in deren Nähe kommt. Umso erstaunlicher ist die Tatsache, dass der gebürtige Grazer Robert Stolz zweimal für diesen begehrtesten aller Preise nominiert war. Seine leichte Hand für Filmmusik begeisterte die broadwayverwöhnten Amerikaner ebenso wie Fans aus der alten Heimat, die Melodien gingen geschmeidig ins Ohr und hatten allesamt das Zeug zum Gassenhauer.

Sein Leben liest sich wie ein Querschnitt der österreichischen Geschichte des 20. Jahrhunderts. Stolz studierte im Wien der Kaiserzeit Komposition und Dirigat und machte bereits vor dem Ersten Weltkrieg Karriere mit Chansons und Operetten. Den Krieg überstand er als Kapellmeister der Hoch- und Deutschmeister. Dem Ruhm der 1930er Jahre mit Melodien wie »Adieu, mein kleiner Gardeoffizier« machte der Einmarsch der Nationalsozialisten ein jähes Ende. Stolz flüchtete in die Vereinigten Staaten, wo er besagte legendäre Filmmusiken komponierte. Nach seiner Rückkehr produzierte der emsige Meister Schlager am laufenden Band – »Salome«, »Im Prater blühen wieder die Bäume« und »Die ganze Welt ist himmelblau« pfiffen selbst die Spatzen von den Dächern. Im biblischen Alter von 95 Jahren verstarb der Komponist, und wenig später wurde seine Büste im Stadtpark enthüllt.

Es stimmt traurig, dass ein großer Sohn dieser Stadt in Vergessenheit geraten ist: Schlager und Operettenmelodien sind aus der Mode – die Ohrwürmer werden selten gespielt und harren ihrer Wiederentdeckung. Man kann nur hoffen, dass sich findige Musiker des Stolz'schen Œuvres annehmen und es ins 21. Jahrhundert katapultieren – frei nach dem Motto: »The whole world is blue like heaven, yo yo yo!«

Adresse im Stadtpark, A-8010 Graz | **Öffnungszeiten** Der Park ist durchgehend geöffnet. | **Anfahrt** Buslinie 31, Haltestelle Zinzendorfgasse aussteigen, über den Glacis in den Stadtpark gehen | **Tipp** In der Elisabethstraße 14 gibt es die Galerie Kunst.Wirt.Schaft., die Ausstellungen plus feines Essen bietet.

77 Der <rotor>

Nur ein Katzensprung

Das Sinnbild der Vorwärtsbewegung, die treibende Kraft einer Maschine, die sich durch nichts beirren lässt und immer dem Horizont entgegenstrebt, ist der sausende Rotor. – Geradezu ideal als Markenzeichen für einen zeitgenössischen Kunstverein, der in seiner Arbeit in alle Richtungen strebt, und als Erkennungsmerkmal einer Gruppe von Menschen, die niemals stillsteht und ihre »Ruhelosigkeit« an der Gesellschaft und deren Vielfältigkeit abarbeitet.

Ausgangspunkt der künstlerischen Arbeit ist zeitgenössische bildende Kunst, das Hauptaugenmerk wird auf Projekte gelegt, die sich kritisch und konstruktiv mit Fragen der sozialen und politischen Gegenwart auseinandersetzen.

Umweltthemen, das Sichtbarmachen wirtschaftlicher Strukturen, die Stellung des Individuums in der Masse und die Beziehungen des Einzelnen zur Gesamtgesellschaft sind Themen der Ausstellungen des <rotor>. Die Künstler sind nicht an einen fixen Ort gebunden, fliegen frei wie die Vögel – die Galerie in der Volksgartenstraße dient nur als Hauptquartier, von dem die Aktivitäten koordiniert werden. Vernetzung ist Teil der Strategie, Ausstellungen finden im öffentlichen Raum statt, um nicht im »Elfenbeinturm« zu verharren, sondern Kunst direkt und ungeschönt an die Leute zu bringen – das Fremde und das Ungewöhnliche sind ebenso gewollt und willkommen.

Hans Albers hat den Song »Flieger, grüß mir die Sonne« unnachahmlich interpretiert. Wie heißt es doch so schön: »Vom Nordpol zum Südpol ist nur ein Katzensprung … schneller und immer schneller rast der Propeller … hoch oben im Äther, da sind wir meist zu Haus.« Der Text eignet sich perfekt als Positionspapier für den <rotor>; die Grenzen sind aufgehoben, und zwar alle miteinander: Keine Schranken in den Köpfen, keine Grenzbalken und vor allen Dingen keine Denkverbote – hier wird Kunst zum Mittel der Befreiung.

Adresse Volksgartenstraße 6a, A-8020 Graz, Tel. +43 (0)316/688306, http://rotor.mur.at | Öffnungszeiten Mo–Fr 10–18 Uhr, Sa 12–16 Uhr | Anfahrt Straßenbahnlinien 1 und 7, an der Haltestelle Volksgartenstraße aussteigen, der <rotor> liegt rechter Hand | Tipp Im Garten des Elisabethinenspitals, Elisabethinengasse 14, steht die Lourdes-Kapelle – Kirchenarchitektur neuen Stils!

78 Die Rumortafeln

Politiker, seid lieb zueinander!

Die Sitten in manchen Parlamenten sind rau. In Italien kommt es schon mal zu Rempeleien, in Taiwan oder der Ukraine fliegen sogar die Fäuste in den Volksvertretungen, die eigentlich als Arenen der Rhetorik und der kultivierten politischen Auseinandersetzung gedacht sind. Dass anno dazumal auch in der Steiermark die »Argumente« recht handfest gewesen sein dürften, das lassen die skurrilen Rumortafeln vermuten, die aus der Zeit von Erzherzog Karl zu Österreich Ende des 16. Jahrhunderts stammen.

Neben den zwei Haupteingängen zum Landhauskomplex, in der Herrengasse 16 und der Schmiedgasse 5, sind die Tafeln angebracht. Die aufwendig geschnitzte Zirbenholzrahmung soll nicht darüber hinwegtäuschen, dass hier Ernstes abgehandelt wird. In goldener Schrift auf schwarzem Hintergrund ist amtlich verlautbart worden, welche Verhaltensweisen keinesfalls geduldet werden. Niemand solle sich unterstehen, in diesem »hochbefreyten« Landhaus zu »rumoren« oder sich zu prügeln, heißt es in dem Knigge. Maulstreiche auszuteilen zog ebenfalls umgehend eine Strafe nach sich. Und ausdrücklich wird darauf hingewiesen, dass man auch den »Tolch« und das »Brodmeßer« gefälligst nicht zu zücken habe. Als anständiges Mitglied des Landtages solle man sich stattdessen der Worte bedienen.

Heute regelt die Geschäftsordnung des Landtags Fragen des Benehmens. Grundsätzlich wird eher von verbalen Plänkeleien ausgegangen. Wer einen anderen Abgeordneten beleidigt, der riskiert einen Ordnungsruf. Zuletzt sorgte so ein Fall 2006 mehr für Heiterkeit als für erboste Proteste, als ein Abgeordneter einen anderen einen Giftzwerg hieß, worauf diskutiert wurde, ob dies als Schimpfwort zu verstehen sei, woraufhin auf die einschlägigen Bestimmungen des Nationalrats in Wien zurückgegriffen wurde. Dort gibt es eine Liste von Wörtern, die zu unterlassen sind. Man einigte sich darauf, dass »Giftzwerg« wohl unter diese Kategorie fällt.

Adresse Landhaus Graz, Herrengasse 16 sowie Schmiedgasse 5, A-8010 Graz | **Öffnungszeiten** ganzjährig frei zu besichtigen | **Anfahrt** vom Hauptplatz (wird von allen Straßenbahnlinien angefahren) in die Herrengasse gehen, das Gebäude liegt rechter Hand | **Tipp** Interessanten Wandschmuck gibt es auch nebenan: Am »Gemalten Haus«, Herrengasse 3, tummeln sich in barocker Manier die Götter, eine prächtige Jugendstilfassade präsentiert das Haus Sporgasse Nummer 3.

79 Der Salon Hoschek

Dirndln mit Pomp

»Wenn jede Frau ein Dirndl tragen würde, gäbe es keine hässlichen Menschen mehr auf der Straße.« Dieses Zitat stammt von Vivienne Westwood und trifft den Nagel auf den Kopf: Tracht ist ideal für jede Statur und Größe, kleine Schwächen und Pölsterchen werden mühelos kaschiert. Nicht umsonst liebt Lena Hoschek den »Austrian Style«, denn die Designerin hat bei Stilikone Westwood gearbeitet.

Der Star der britischen Modeszene erkannte Lenas Können sofort und ließ sie ob ihres gewaltigen Talents Ausstellungsstücke für ihre Präsentationen fertigen. Nach diesen exquisiten Lehrjahren gründete Hoschek ein eigenes Label und eröffnete bald darauf das Geschäft am Joanneumring. Hier passt alles zusammen – in den Räumlichkeiten eines ehemaligen exklusiven Schneiders lassen sich die Modelle trefflich präsentieren. Dirndln in allen Farben und Modellen hängen in langen Reihen neben üppigen Kleidern im Fifties-Style und geradezu ausladenden Ballroben. Ihnen allen ist eines gemeinsam: Stoffe und Verarbeitung sind vom Allerfeinsten. Und Lena Hoschek achtet auf einen femininen Touch der Kleider, denn ihre Vorstellung von Fraulichkeit wird nicht durch Hungerhaken, sondern Menschen wie Dita Von Teese repräsentiert. Die Burlesque-Künstlerin hat Freude am Leben, und genau das sieht man ihr auf den ersten Blick an! Der Erfolg gibt Hoschek Recht; nach dem Grazer Geschäft folgten Salons in Wien und Berlin, wo sie ihre neuen Kollektionen vorstellt und die ganze Welt Lenas Gefühl für Weiblichkeit genießen kann.

Ein kleines Geheimnis sei am Rande verraten: Mama Hoschek ist eine gebürtige Daffinger und mit dem Biedermeierkünstler selben Namens verwandt. Wer die Damenporträts des Malers betrachtet, kann sich auch an deren üppigen Roben erfreuen – das Gefühl für feine Nuancen und ausgewogene Proportionen hat sich augenscheinlich in der Familie fortgepflanzt.

Adresse Joanneumring 3, A-8010 Graz, Tel. +43 (0)50309300, www.lenahoschek.com | Öffnungszeiten Mo – Fr 10 – 18 Uhr, Sa 10 – 17 Uhr | Anfahrt vom Jakominiplatz (wird von allen Straßenbahnlinien angefahren) zu Fuß auf den Joanneumring gehen, das Geschäft liegt linker Hand | Tipp Der Jakominiplatz ist eine der großen Drehscheiben von Graz – von hier aus kann man per Bus und Bim in alle Himmelsrichtungen starten!

80 Der Samen-Köller

Treffpunkt der Weisen

Als die Gegend um den Südtirolerplatz noch Vorstadt war, zog es anno 1773 einen Herrn Köller hierher, der seiner urbanen Klientel Setzlinge und Samen verkaufte. Diese Tradition hat sich bis heute bewahrt. Kunden können sich sicher sein, dass ihr Gemüse vielleicht nicht wie aus dem Ei gepellt aussieht, dafür aber herrlich und ursprünglich schmeckt.

Artenvielfalt wird großgeschrieben, und die Pflanzen entstehen nicht in Gewächshäusern oder durch chemische Begasungen. »Ehrliches« Saatgut hat zwei goldene Eigenschaften – es ist ungebeizt und gentechnikfrei! Wer im Frühling aus dem Fenster auf eine noch trübsinnige Natur blickt, findet in den zahllosen Schubladen des »Schwarzen Rettich« alles, um Garten, Balkone und Fensterbänke zu einem Garten Eden werden zu lassen. Um der Flora die ideale Fauna zukommen zu lassen, gibt es neben Knollen, Setzlingen und Keimen auch Nistkästen, Vogelbauer und Erde, die Regenwürmer magisch anzieht. Daneben kann sich der Pflanzenfreund mit Werkzeug, Blumentöpfen und Aussaatkalendern eindecken – es wird ein Rundum-Service für den grünen Daumen geboten. Wer Natur mit Kultur verbinden will, dem sei der »Salon Rettig« anempfohlen: Hier werden Bücher zum Thema Ursprünglichkeit vorgestellt.

»Dumme rennen, Kluge warten, Weise gehen in den Garten.« Man hört, dass in den Metropolen bereits Grundstücke nicht mehr verbaut, sondern in Grünparzellen verwandelt werden, denn die gestressten Städter sehnen sich nach Beschaulichkeit und Verbundenheit mit der Natur.

Allerdings hat es wenig Wert, wenn Hobbygärtner sich an ihrer geliebten Scholle abmühen und aus Einheitssamen Kräuter, Tomaten und Salat erwachsen, die wie aus dem Supermarkt schmecken. Besser beim »Schwarzen Rettich« vorbeischauen und nach der Ernte handgezogene Zuckerwurzel, Erdbeerspinat und Portulak bei jedem Bissen genießen.

Adresse Südtirolerplatz 1, A-8020 Graz, Tel. +43 (0)316/718707, www.samen-koeller.at | **Öffnungszeiten** Mo–Fr 10–18 Uhr, Sa 9–13 Uhr | **Anfahrt** Straßenbahnlinien 1 und 7, an der Haltestelle Südtiroler Platz aussteigen, das Geschäft liegt direkt am Platz | **Tipp** In der Griesgasse 11 finden Sie das »Mangolds«, das erste und noch immer beste vegetarische Restaurant in Graz.

81 Das Santa Clara

Alles frisch und ohne Faxen

Mit dem Begriff der Einzigartigkeit wird oft und gerne herumgeworfen – schnell ist etwas oder irgendjemand »einzigartig« und ebenso schnell wieder von der Bildfläche verschwunden. Seit nunmehr 25 Jahren beweisen Seppi und Barbara Schwender im Restaurant Santa Clara, dass Bemühen um einen eigenen Stil keine Eintagsfliege ist, sondern ständige Weiterentwicklung bedeutet: Hier werden jeden Tag mit einfachen Mitteln geniale Geschmackserlebnisse gezaubert.

Durch ein breites Tor betritt man den Innenhof, der mit Steintischen als Gastgarten dient. Das Lokal reicht über zwei Ebenen und besticht durch eine faszinierende Ausstattung. Die Rundbögen des Palais sind behutsam restauriert, die schweren Quader des Steinbodens im Originalzustand, mittelalterliche Säulen, wuchtige Anrichten und schlichtes schwarzes Mobiliar ergeben ein harmonisches Gesamtbild. Speisen und Weine sind ein Spiegelbild der Philosophie Schwenders, Schlichtheit und Unverfälschtheit prägen den Stil des Hauses. Aus Frankreich, Spanien und Portugal werden erlesene Rohstoffe beschafft, geradlinig zubereitet und ohne Chichi auf den Teller gebracht. »Fleisch, Fisch, Gemüse, Salat – alles frisch gekocht und ohne Faxen!«, meint Schwender trocken. Bei den Weinen gilt dasselbe Motto, nicht große Namen sind entscheidend, sondern die Qualität und Ursprünglichkeit der Gewächse – der Wirt selbst arbeitet bei Weinlesen mit, »um die Seele der Reben besser spüren zu können«.

Eine besondere Atmosphäre vermittelt der Innenhof im Sommer und zu Weihnachten. Im Juni holt der Patron den violetten Piolenc-Knoblauch aus Südfrankreich, der an der Hausmauer aufgeschichtet wird und dessen zarter Duft die Gäste verzaubert – man kann die feinen Knollen natürlich auch kaufen. Am 24. Dezember gibt es frische Austern mit Chablis, das Santa Clara wird zum Stelldichein für wahre Genießer und Weihnachten eine Fête française.

Adresse Bürgergasse 6, A-8010 Graz, Tel. +43 (0)316/811822 | Öffnungszeiten Mo–Sa 18–24 Uhr und nach Vereinbarung | Anfahrt Mit der Buslinie 30 zum Schauspielhaus fahren, gegenüber dem Haupteingang die Bürgergasse hinuntergehen. Das Restaurant befindet sich rechter Hand. | Tipp Direkt gegenüber, im wunderschönen Innenhof der Bürgergasse 3, hat die Boutique »Weiberkleider« ihren Sitz – Avantgarde pur.

82 Die Schell Collection

Jede Menge Schlüsselerlebnisse

Der Drang, sich und sein Eigentum zu schützen, ist so alt wie die Menschheit selbst. Dieser Eindruck drängt sich bei einem Besuch der Schell Collection auf. Mit mehr als 10.000 Objekten demonstriert das schönste Museum von Graz die unendliche Erfindungsgabe der Spezies Mensch, wenn es darum geht, nur ausgewählten Personen Zugang zu einem bestimmten Bereich zu erlauben. An der Wiege der außergewöhnlichen Sammlung steht Hanns Schell, der in den 1970er Jahren als Extrembergsteiger viel im Mittleren Osten unterwegs war. Auf den Basaren des Iran wurde seine Leidenschaft für Schlüssel und Schlösser geweckt. Seine erfolgreiche Tätigkeit als Unternehmer erlaubte es ihm, das weltweit größte Spezialmuseum rund um Sperrvorrichtungen, Kassetten und Truhen aufzubauen.

Zu den ältesten Exponaten zählen die 2.500 Jahre alten keltischen Schlüssel in Angelhaken-Form. Höchstes handwerkliches Geschick, Verspieltheit und Gespür für Design kennzeichnen die Schlösser und Prunktruhen aus dem Zeitalter der Gotik. Dass die Schlosserkunst auch kuriose Blüten trieb, zeigen etwa integrierte Spiralfallen, die diebisch veranlagte Geister in die Irre führen sollten. Sofortjustiz drohte dem Einbrecher, der sich an dem Schloss mit integriertem Schussapparat zu schaffen machte. Über den »Mythos« Keuschheitsgürtel, Scheinschlösser sowie Sargschlüssel erfährt man Erstaunliches, und wer an seinem Antikschreibtisch schon immer ein Geheimfach vermutet hat, kann wertvolle Suchanleitungen mit nach Hause nehmen.

Aha-Erlebnisse am laufenden Band erwarten Besucher auch in der Afrika- und Asien-Abteilung. Mit Ahnenfiguren versehene Holzschlösser aus Westafrika sind zu sehen und schwere Schlüssel, die Tuareg-Frauen als Gewandbeschwerer gegen den Sahara-Wind dienen. Besonders einfallsreich ist das Türklopfer-Doppel aus Persien. Am Klang ließ sich erkennen, ob ein Mann oder eine Frau Einlass begehrte.

Adresse Wienerstraße 10, A-8020 Graz, Tel. +43 (0)316/71565638, www.schell-collection.com | **Öffnungszeiten** Mo–Fr 8–16 Uhr, Sa 9–12 Uhr | **Anfahrt** Buslinien 58, 63 und 67, an der Haltestelle Lendplatz aussteigen und in die Wienerstraße gehen | **Tipp** Das p.p.c. in der Neubaugasse 6 bietet Popkultur vom Feinsten – Konzerte und Partys auf zwei Floors.

83_Die Schlossbergbahn

Kletterndes Wahrzeichen

Es gibt einige Möglichkeiten, den Hausberg von Graz zu erobern: über die steile Stiege am Schlossbergplatz, die weichen Serpentinen vom Karmeliterplatz aus oder die einfache und gelenkschonende Variante – mit der Zahnradbahn. Dieses Beförderungsmittel blickt auf eine 500-jährige Geschichte zurück, klettert wie eine Gämse und ist quasi die perfekte wandelnde Aussichtsplattform für die Westseite der Stadt.

Als am Gipfel noch eine Trutzburg thronte, war der Berg für Normalsterbliche tabu, und mit dem »Schlossbergzug« wurden lediglich Versorgungsgüter für die Besatzung transportiert. Die Festung wurde auf Befehl Napoleons geschleift und das weitläufige Bergplateau der Öffentlichkeit zugänglich gemacht. Vor gut 100 Jahren erschloss man den Hügel mit einer Zahnradbahn, die 100 Höhenmeter überwindet und vom Murkai aus durch die ehemalige Festungsmauer bis knapp vor den Uhrturm fährt. Eine technische Feinheit von anno dazumal ist die »Abtsche Weiche« auf halber Strecke, an der die sich entgegenkommenden Waggons in Griffnähe aneinander vorbeifahren. Die gesamte Anlage wurde vor zehn Jahren runderneuert und ist heute auf dem neuesten Stand der Technik. Die Passagierkabinen bestehen, da der Anstieg extrem steil ist, aus drei Ebenen und bieten durch ihre ovalen Panoramaglasdächer einen optimalen Blick auf die Murmetropole – von der Stadt aus gesehen sind die glitzernden Wagen wiederum ein quicklebendiges Wahrzeichen.

Für den Abstieg sei ein Spaziergang über den Berg selbst empfohlen, man lustwandelt durch einen sanft absteigenden Garten, darf »Stadtparkhansis« (einheimisches Synonym für Eichhörnchen) füttern und die grüne Oase mitten in der Stadt genießen. Keine Angst, weder kann sich der Spaziergänger verirren noch in alpine Not geraten – der Begriff Berg mag dem Stolz der Namensgeber geschuldet sein, Hügel trifft die Sache wohl eher.

Adresse Kaiser-Franz-Josef-Kai 38, A-8010 Graz, Tel. +43 (0)316/8873391, schlossbergbahn@holding-graz.at | **Öffnungszeiten** So–Mi 9–24 Uhr, Do–Sa 9–2 Uhr | **Anfahrt** Straßenbahnlinie 4, an der Haltestelle Schlossbergbahn aussteigen | **Tipp** Gleich daneben steht das Schlossberghotel – das Haus würde auch als Kunstgalerie durchgehen.

84 Der Schneemann

Winter im Sommer

Wenn dicke Flocken vom Himmel fallen und die Welt in Watte gepackt wird, ist es Zeit, Kugeln zu rollen, Karotten, Knöpfe und Töpfe auszupacken und daraus das Sinnbild des Winters zu formen: den Schneemann. Im Hof des Priesterseminares in der Bürgergasse gehen die Uhren ein wenig anders, dort steht zu jeder Jahreszeit ein freundlich lächelndes Exemplar, vor sich eine Pfütze, in der sich die Arkaden des Gebäudes spiegeln. Der Unterschied besteht im Material – die winterlichen Skulpturen sind aus Schnee gemacht und müssen der Sonne weichen, hier widerstehen zwei Tonnen weißer Marmor jeder Verflüchtigung.

Der Künstler Manfred Erjautz hat diese Brunneninstallation geschaffen, um die »Frage der Vergänglichkeit« (wie es auf einem der Mauerbögen heißt) zu stellen und unseren Zeitbegriff zu relativieren. Brunnen sind im Winter stillgelegt und vermitteln eigentlich Nicht-Funktionalität: Würde in der kalten Jahreszeit Wasser aus ihnen sprudeln, käme es einem Paradoxon gleich – unverständlich und aufsehenerregend. In diesem Kontext ist der Schneemann zu verstehen, er wird zum stummen Zeugen der Veränderung, quasi ein Außenseiter und Fremdkörper. »Er soll die Auseinandersetzung mit unserem Zeitbegriff verstärken – als Parameter für das ganze Jahr«, erklärt Erjautz. Die Skurrilität wird durch die künstliche Pfütze noch gesteigert – denn wie soll ein nicht geschmolzener Schneemann eine Lache bilden? Am besten ans Wasser setzen, die Füße hineinstecken und sich eigene Gedanken über Normen, Zeit und Vergänglichkeit machen.

Im Winter bekommt die Skulptur natürliche Konkurrenz, wenn in den verschneiten Gärten der Stadt Schneemänner en masse gebaut werden. In dieser Zeit kann sich der »Ganzjahresschneemann« ein wenig ausruhen und unter einer schützenden Decke auf seinen solitären Auftritt im nächsten Frühjahr warten – dann wird aus der Normalität wieder das Außergewöhnliche.

Adresse Bürgergasse 2, Hof des Priesterseminars, A-8010 Graz, Tel. +43 (0)316/80427130, www.graz-seckau.at/priesterseminar | Öffnungszeiten Der Hof ist tagsüber geöffnet. | Anfahrt Buslinie 30, an der Haltestelle Tummelplatz aussteigen und in die Bürgergasse hineingehen, das Gebäude liegt linker Hand | Tipp In der Bürgergasse 4 befindet sich das Gasthaus »Stainzer Bauer« mit traumhaft schönem Gastgarten.

85 Die Schubertstraße

Von Kastanien beschützt

Berlin hat seinen Pracht-Boulevard Unter den Linden, in Wien kann man in der Praterallee lustwandeln – in Graz gibt es das Ganze ein paar Nummern kleiner, doch dafür umso heimeliger und vertrauter. Ein Spaziergang durch diese Allee wirkt besser als 1.000 Nerventropfen: Mit jedem Schritt kommt man der inneren Ausgeglichenheit näher und spürt die Verbundenheit von Mensch und Natur.

Mächtige alte Kastanienbäume stehen Spalier und schützen den Fußgänger mit ihren dichten, schweren Kronen. Prächtige Villen, der futuristisch anmutende Botanische Garten und Institute der Universität verleihen der Straße das gewisse Etwas – hier haben Adel und Geldadel seit Jahrhunderten ihre Domizile gebaut und dem Stadtbild glanzvolle Höhepunkte verliehen. Es vereinen sich Stiljuwelen vieler Epochen, dem Architekturfreund geht das Herz über bei diesem Ensemble von Häusern.

Der aufmerksame Betrachter kann hinter üppigen Hecken sowohl Gebäude im Bauhausstil als auch Jugendstil-Villen und englisch anmutende Herrenhäuser erspähen. Für die Wiederaufforstung maroder Kastanien hat sich die Stadtverwaltung etwas Besonderes einfallen lassen: Baumfreunde können Patenschaften für Setzlinge übernehmen. Auf Plaketten werden die Namen der Paten vermerkt. So mancher Prominente hat hier seinem grünen Gewissen Ausdruck verliehen – die Galerie liest sich wie ein kleines »Who is who« von Graz.

Ein besonderes »Highlight« der Schubertstraße ist die nächtliche Beleuchtung. Gusseiserne Laternen mit Gaslampen – übrigens die letzten ihrer Art in der Stadt – tauchen Stämme, Äste und Blätter in eine sanfte und beschützende Stimmung. Man fühlt sich geradezu mütterlich aufgenommen von dieser Allee, eingehüllt in ein grünes Meer. Wer abends durch die Schubertstraße flaniert, sieht sich zurückversetzt in eine Epoche, die frei war von der Hektik des digitalen Zeitalters – alle Sinne sind wattiert.

Adresse zwischen Hilmteich und Universität, A-8010 Graz | Anfahrt Straßenbahnlinie 1, an der Haltestelle Hilmteich aussteigen, die Allee befindet sich linker Hand | Tipp Am Ende der Allee liegt das ReSoWi-Gebäude der Uni Graz – vom Stararchitekten Günther Domenig geplant.

86 Die Seifenfabrik

Geruch und Wohlgeruch

Industrieanlage – dieser Begriff steht für Hochöfen, Fließbänder, Lärm und ameisenhafte Betriebsamkeit. Industrieruine – das Ganze noch einmal, nur totenstill und verwaist.

Dieses Schicksal drohte der ehemaligen Poudrette-Fabrik nahe der Mur, das Gebäude war dem Untergang geweiht und verfiel langsam vor sich hin. Rettung nahte durch weitsichtige Investoren, die sowohl die versteckte Schönheit des Areals erkannten als auch die Möglichkeiten, hier Veranstaltungen in einem ganz speziellen Ambiente auszurichten.

Von den gigantischen Anlagen sind der frei stehende Kamin, das Verwaltungsgebäude und die Fachwerkhalle stehen geblieben, deren Backsteinbauweise signifikant ist für das Industriedesign des 19. Jahrhunderts. Die Fensterfronten sind symmetrisch angeordnet und sorgen für lichtdurchflutete Säle und eine einzigartige Atmosphäre. Heute ist die »Seifenfabrik« ein multifunktionelles Bauwerk, in dem Ausstellungen, Konzerte, Bälle und Repräsentationen stattfinden können – doch der Star jedes Events ist das zu neuem Leben erwachte Gebäude selbst.

Eine olfaktorische Anekdote sollte nicht unerwähnt bleiben: Die Poudrette-Fabrik befasste sich mit der Transformation menschlicher Exkremente in Alkohol und Düngemittel, der strenge Geruch blieb den Anrainern in intensiver Erinnerung. Als Abbitte wurde nach dem Krieg ein Parfum namens »Spanisch Leder« produziert, dessen Duft die feinen Nasen der Grazer versöhnte.

Spiegelglattes Parkett statt blinder Scheiben, Industrie-Architektur statt Wohnsilos, buntes Leben in der Werkshalle statt Spinnweben an den Wänden: Die Seifenfabrik ist ein gelungenes Beispiel, wie man alte Gebäude in die moderne Welt integriert, anstatt sie aufzugeben. Ein Hochofen muss ja nicht immer für verpestete Luft und graue Wolken stehen, sondern kann ebenso Wahrzeichen sein für eine Neuinterpretation der Städteplanung.

Adresse Angergasse 41, A-8010 Graz, Tel. +43 (0)316/465268, weilguni@seifenfabrik.info | **Öffnungszeiten** Das Areal der Fabrik ist frei zugänglich. | **Anfahrt** Buslinie 34, an der Haltestelle Seifenfabrik aussteigen | **Tipp** Gehen Sie über den Puchsteg in die Innenstadt, die Brücke ist für Spaziergänger und Radler da.

87_The Smallest Gallery

Ein Schaufenster als Sprungbrett

Wie groß muss eine Galerie sein, um Kunst zu vermitteln? Ein Prunkgebäude, ein Saal, ein Raum? Irrtum: Es genügt ein Schaufenster, wie The Smallest Gallery eindrucksvoll unter Beweis stellt. In einem Hausdurchgang am Grieskai bekommen junge Kunstschaffende aus Österreich eine kompakte Möglichkeit geboten, ihre Werke der Öffentlichkeit zu präsentieren. Gerade mal 2,5 Meter lang und 1,70 Meter hoch ist die Präsentationsplattform, die zum Sprungbrett für eine künstlerische Karriere werden könnte.

Die charmante Idee gebar ein Kunstmacher im Kulturhauptstadtjahr 2003 bei einem Besuch in der Kaffeebar Tribeka. Sein Blick glitt durch das Fenster in den Hausdurchgang mit einem ungenutzten Schaufenster. Es machte klick, nach Absprache mit den Café-Betreibern wurde das Schaufenster zunächst als Galerie für junge Fotografie genutzt. 2011 wurde das Konzept erweitert. Junge Künstler aus allen Sparten der bildenden Kunst werden seitdem eingeladen, eine Arbeit im Duett mit einer zweiten Person, die nicht zwingend im Kunstfeld tätig ist und mit der sie noch nie zuvor zusammengearbeitet haben, umzusetzen.

Einige Künstler-Duos nutzten das Fenster, um auf andere Ausstellungsräume zu verweisen, wo die tatsächlichen Kunstwerke zu sehen waren; andere bezogen das Café mit ein, wieder anderen ist das begrenzte Platzangebot – die Ausstellungsfläche geht auch nur knapp einen halben Meter in die Tiefe – Ansporn zur künstlerischen Verdichtung. Eine der jüngeren Produktionen mit dem Titel »Kapierst du nicht, dass das der Himmel ist?« versammelte in The Smallest Gallery mehr als 100 Objekte mit »Jenseits«-Bezug. Fotos aus Kindertagen, Alltagsgegenstände, die künstlerisch verfremdet wurden – so entstand ein facettenreiches Gesamtbild, das sich mit wenigen Blicken erfassen ließ. Pro Jahr realisiert The Smallest Gallery sechs Produktionen. Eine Flyer-Edition rundet das Bild ab.

Adresse Grieskai 2, A-8020 Graz, http://thesmallestgallery.mur.at | **Anfahrt** Straßenbahnlinien 1, 3 und 6, an der Haltestelle Südtiroler Platz/Kunsthaus aussteigen und auf den Grieskai gehen, das Ziel befindet sich im Hausdurchgang | **Tipp** Das nächste Kaffeehaus liegt nicht mal um die Ecke: Im Tribeka bekommt man guten Cappuccino, Bagels, Kuchen und Gratis-WLAN.

88 Das Sommerrefektorium

Vom Schweigen und Jubilieren

»Silentium« war das Motto der Mönche, die im stillen Gebet und nicht im Lärm der Welt ihr Seelenheil suchten. Das Sommerrefektorium der Minoriten ist ein steingewordenes Zeugnis dieser längst vergangenen Tugend, eine Lesekanzel im Saal erinnert an ruhigere Zeiten. Aus luftiger Höhe predigte damals ein Padre aus der Bibel, während seine Brüder schweigend ihr karges Mahl verzehrten. Mittlerweile ist das leise Gemurmel verstummt, und andere Töne sind an dessen Platz getreten. Im »Minoritensaal« werden Konzerte und kulturelle Highlights angeboten, die selbst den strengen Mönchen ein sanftes Lächeln entlocken würden.

Allein das Treppenhaus ist einen Besuch wert, die zweiarmigen Marmorstiegen werden durch einen Handlauf mit Laternen tragenden Putten veredelt. Das nach Plänen Joachim Carlones erbaute Sommerrefektorium ist ein Schaustück barocker Genialität: Die Wände verzieren Gemälde von Heiligen wie Antonius von Padua, die Stirnseite stellt ein Hauptwerk des Johann Baptist Raunacher dar – die Thematik der wunderbaren Brotvermehrung und Speisung der Fünftausend mahnte die Fratres bei ihrer Mahlzeit zur Besinnung.

Grandioser Höhepunkt im doppelten Sinn ist das Deckenfresko von Antonio Maderni: Von üppigem Stuck eingerahmt stellen Gemälde auf zwei Ebenen die Verehrung der Jungfrau Maria durch die neun Engelshierarchien dar – jedes Bild intensiv, das Gesamtwerk von magischer Anziehungskraft. Wenn im Licht der Lüster Musiker zu ihren Instrumenten greifen, taucht der Zuhörer ein in die Welt der engelsgleichen Harmonie.

»Gaudium« wäre heute der passende Name des Sommerrefektoriums, denn jeder Besucher zieht erfreut von dannen: Der Saal mag als gelungenes Beispiel dafür dienen, dass die Kirche den Wandel der Zeit erfolgreich meistert und ihre Pforten für die Gläubigen öffnet – Musik und Freude sind wohl die besten Botschafter des Herrn.

Adresse Mariahilferplatz 3, A-8020 Graz, Tel. +43 (0)316/713170, www.minoritensaal.at | **Öffnungszeiten** bitte vorher telefonisch anfragen | **Anfahrt** Straßenbahnlinien 1 und 7, an der Station Südtirolerplatz aussteigen und in die Mariahilferstraße gehen | **Tipp** Der Mariahilferplatz hat sich stark entwickelt – rund ums Kunsthaus gibt es eine neue kreative Szene.

89_Der Stadtparkgründer

Erholung fürs Volk

Wenige Städte in dieser Größenordnung sind so grün wie Graz, ein paar Schritte nur aus der Innenstadt, und schon fühlt man sich wie am Busen der Natur. Der Stadtpark ist eine ausladende Parkanlage mit vielfältigen Angeboten, die Grünflächen sind frei begehbar, in der Wiese liegen und die Seele baumeln lassen ist daher jederzeit möglich.

Vor 150 Jahren sah es hier noch gänzlich anders aus, eine sogenannte »Gstettn« diente vor den Stadtmauern als freies Schussfeld bei feindlichen Angriffen. Dass das Areal nicht bebaut wurde, als die Gefahren von außen gebannt schienen, war dem Weitblick des Bürgermeisters Moritz Ritter von Franck zu verdanken, dessen glorreicher Gedanke eines Erholungsraumes für das Volk den Grundstein zum Stadtpark legte. In den 1870er Jahren wurde die Anlage vom »Verein zur Stadtverschönerung« geplant und in die Tat umgesetzt, die Bepflanzung folgte der Idee eines englischen Gartens, in dem Pflanzen und Bäume nach speziellen Strukturen gesetzt werden – die Besucher sollen neben Entspannung und Ruhe auch ein wenig Wissen über die Vielfalt der Flora mit auf den Weg bekommen. Prachtvolle Alleen spenden den Spaziergängern Schatten, und zahllose Bänke laden zum Verweilen ein. Weitere Anziehungspunkte sind der ausladende Stadtparkbrunnen und die »Freilichtgalerie« mit Büsten und Statuen, die Größen wie Peter Rosegger und Johannes Kepler würdigen. Ein besonderes Prachtstück ist das Denkmal des Stadtparkgründers selbst, das Edmund Hellmer gestaltet hat: Der Künstler war ein Star des Historismus und diese Arbeit in Graz ein anerkanntes Hauptwerk seines Schaffens.

Man kann froh sein, in einer friedlichen Zeit zu leben, in der Kriege – zumindest in diesen Breitengraden – der Vergangenheit angehören. So können Erholungssuchende im Grüngürtel unweit der City im Gras liegen und den Himmel über der Stadt betrachten – statt Kanonenkugeln, die ihnen um die Ohren pfeifen.

Adresse Stadtpark, A-8010 Graz, die Statue von Moritz von Franck steht unweit des Brunnens | Öffnungszeiten Der Park ist durchgehend geöffnet. | Anfahrt Buslinie 31, an der Station Zinzendorfgasse aussteigen und über das Glacis in den Stadtpark gehen | Tipp In der Paulustorgasse 6 gibt es im »Le Schnurrbart« Crêpes für Veganer!

90 Die St.-Andrä-Kirche

Hier sprießt moderne Kunst

Schon von Weitem ist zu erkennen, dass dieses Gotteshaus im multikulturellen Bezirk Gries etwas … anders ist. Schlagwörter wie »Blaues Wunder«, »Fair Play«, »Musterknabe«, »Oh du grüne Neune!«, ausgeführt in einem Sammelsurium an Schrifttypen und Farben, überziehen die Fassade der St.-Andrä-Kirche. Vom Glockenturm wird einem »Bis Bald« mit auf den Weg gegeben. Doch halt, so weit sind wir noch nicht, da gibt es etliches zu (be)wundern! Etwa die Glasfenster, die heimische Künstler in provokant-ironischer Manier neu gestaltet haben. Eines, in grellbuntem Pop-Art-Stil, zeigt einen Mann mit einer Schweinsmaske, auf einem weiteren sind Foto-Farbnegative von Frauen in afrikanischer Tracht auf das Glas projiziert worden, ein drittes schimmert in Magenta.

St. Andrä ist ein Gotteshaus, in dem Weltoffenheit und Experimentierfreude eine Hauptrolle spielen. Seit Jahren bereits nutzt Pfarrer Hermann Glettler moderne Kunst, um einen Dialog auf den Weg zu bringen: zwischen den Kulturen und Bewohnern des Bezirks, zwischen den Generationen sowie mit den Passanten.

Das Kontrastprogramm setzt sich im Inneren fort. Eine Seitenkapelle ziert eine in Orange gehaltene Raumzeichnung mit scheinbar willkürlicher Pinselführung. Auf dem Weg zum Altar begegnen dem Besucher eine mit Spiegelfragmenten verkleidete Figur des Gekreuzigten und eine mit Spiegeln verkleidete Säule, die die barocke Umgebung reflektieren. Von der Decke hängt der Sitz eines Kettenkarussells, erstarrt in der Bewegung. Auch für Performances bietet die St.-Andrä-Kirche eine Bühne. So machte vor einigen Jahren ein Künstler Schlagzeilen, der 40 Tage lang auf der Orgelempore fastete.

Leben, Achtsamkeit, Toleranz – in diesem Rahmen bewegt sich das Kunstgotteshaus. Und für die Erdung sorgen die Hochbeete an der Kirchenmauer. Auf einem Schild steht »Gottesacker. Gutes wächst hier«. Ungewöhnliches wächst hier allemal.

Adresse Kernstockgasse 9, A-8020 Graz, Tel. +43 (0)316/711918, www.st-andrae-graz.at | **Öffnungszeiten** tagsüber | **Anfahrt** Straßenbahnlinien 1, 6 und 7, an der Station Roseggerhaus aussteigen und am Mühlgang entlang zur Kernstockgasse gehen | **Tipp** Das Buch »Andrä Kunst« (Bibliothek der Provinz) ist im Pfarramt nebenan zu erstehen. Wellness der anderen Art bietet das »Bad zur Sonne« in der Feuerbachgasse 11–13 (täglich 7–21.30 Uhr).

91 Der Steinfeldfriedhof

Der schöne Tod

Im »Hobellied« von Ferdinand Raimund wird dem Schicksal die Aufgabe des universellen Schiedsrichters zugeordnet – was auch immer der Mensch in seinem irdischen Dasein treibt, am Ende wird »der Hobel angesetzt und hobelt alle gleich«. Der Steinfeldfriedhof ist ein wunderbares Beispiel für diese Theorie, er hat sich von der Ruhestätte armer Leute zu einem Meisterwerk moderner Architektur entwickelt und ist trotzdem seiner Bestimmung treu geblieben: Ob arm oder reich, zufrieden oder grantig, alt oder jung – hier liegen sie alle in Reih und Glied ohne Rücksicht auf Rang und Stellung.

Ursprünglich lag der Friedhof aus hygienischen Gründen außerhalb des Wohngebietes, doch mit zunehmender Bevölkerung und damit auch Bebauung wurde er Stück für Stück von Industrieanlagen umkreist und ist heute Teil der pulsierenden Stadt. Der Gottesacker wurde mehrmals erweitert, um den »Andrang« zu bewältigen: 2011 schuf das Architektenduo Hofrichter-Richter ein revolutionäres Gebäude als Wahrzeichen dafür, dass Leben und Tod untrennbar miteinander verbunden sind. Zwei geschwungene Stahlbetonscheiben symbolisieren offene Hände, die Menschen empfangen und ihnen Durchlass gewähren zur Stätte der ewigen Ruhe. Zwischen Decke und Wand sorgt ein keilförmiger Lichtschlitz für eine Art ewigen Strahl von oben und taucht den Einsegnungsraum in eine fast überirdische Stimmung. Der Raum fließt in eine lang gezogene Mauer aus, die eine Urnenwand beheimatet und in den Hain des Friedens mündet – durch die Wucht des Gebäudes wird der städtische Trubel gedämpft.

Man sollte meinen, dass mit dem letzten Atemzug alles Irdische abfällt, die äußere Hülle zu Staub wird und der Friedhof für jeden den gleichen Platz bereithält. Am Steinfeld überschreitet der Mensch das so oft ungerechte Diesseits und wird auf Händen ins »gleichgehobelte« Jenseits getragen.

Adresse Friedhofgasse 33, A-8020 Graz, Tel. +43 (0)316/581302, steinfeldfriedhof@stadtpfarrkirche-graz.at | **Öffnungszeiten** Der Friedhof ist tagsüber geöffnet. | **Anfahrt** Straßenbahnlinien 1 und 7 Richtung Eggenberg fahren, Station Alte Poststraße aussteigen, die Friedhofgasse ist die zweite Quergasse links | **Tipp** In der Nähe steht der Bahnhof der Graz-Köflach-Bahn – das Gebäude aus dem 19. Jahrhundert atmet Geschichte.

92 Die Stiegenkirche

Treppe zur Stille

Gotteshäuser stehen meist erhöht, krönen Hügel oder bilden in der Ebene das Zentrum großer Plätze. Die Stiegen, welche hinauf zu ihnen führen, kann man als Weg zu Gott interpretieren, mit jeder Stufe erklimmt der Gläubige ein Stück des Wegs zur Verheißung und wird sich bewusst, dass etwas »über« ihm steht. Es gibt natürlich auch profanere Gründe, warum der Mensch erst aufsteigen muss, um zum Allerheiligsten zu kommen – nämlich Platzmangel am Fuß des Hügels. Bei der Stiegenkirche von Graz liegt die Wahrheit irgendwo in der Mitte: Sie befindet sich auf dem sakralen Platz der Paulsburg und zugleich im ältesten Teil der Stadt.

Die älteste Pfarrei der Stadt wird bereits im 14. Jahrhundert urkundlich erwähnt, Augustiner-Eremiten errichteten schließlich im 16. Jahrhundert das heute sichtbare Kirchengebäude. Wobei »sichtbar« relativ ist – um den Glockenturm anzuschauen, muss man nämlich ein ganzes Stück die Sporgasse hinaufgehen, da der Sakralbau geschickt hinter einem malerischen Ensemble von Bürgerhäusern versteckt ist. Hier konnten die Eremiten mitten in der Stadt in Ruhe die Nähe zu Gott pflegen – Kargheit und schnörkelloser Stil des Kirchenschiffes weisen auf den ursprünglichen Charakter dieses spirituellen Ortes hin. Schmucklos und ernst bietet sich das Innere dar, Altar, Tabernakel und große, ernste Heiligenbilder runden in ihrer Schlichtheit das Bild eines Gotteshauses ab.

Einer der großen Mythen des Christentums betrifft den Apostel Jakob und seine Vision: Ihm erschien eine prächtige Leiter zwischen Himmel und Erde, auf der die Engel auf und ab schwebten. Wer als Gläubiger diesen Weg wählte, musste zwar die Mühen des Aufstiegs auf sich nehmen, doch er wurde belohnt durch das ewige Leben.

Nun ja, Erlösung wird man nach dem Erklimmen der Stiegenkirche vielleicht nicht erfahren, doch ein kleines Stück vom Himmelreich steckt danach sicher in den Waden.

Adresse Sporgasse 21, A-8010 Graz, Tel. +43 (0)316/829318 | **Öffnungszeiten** Mo–So 8–20 Uhr | **Anfahrt** vom Hauptplatz (wird von allen Straßenbahnlinien angefahren) in die Sporgasse gehen, das Gebäude liegt linker Hand | **Tipp** Am Palais Saurau in der Sporgasse 25 befindet sich in luftiger Höhe die berühmte Türkenfigur.

93 Die St.-Lukas-Kirche

Schutzweg zur Muttergottes

Wenig deutet darauf hin, dass ausgerechnet am Eggenberger Gürtel eine der eindrucksvollsten Kirchen Österreichs zu finden ist. In der Nachbarschaft von St. Lukas setzen leer stehende Häuser und Verkehrslärm die Akzente. Das Gotteshaus selbst, etwas zurückgesetzt von der viel befahrenen Ausfallstraße, erscheint von außen wie eine nüchterne Fabrikhalle. Doch kaum eingetreten, nimmt den Besucher die einzigartige Gestaltung und Symbolik gefangen.

In hellem Blau schimmern die gläsernen Seitenwände. Wer näher tritt, erkennt darin eingelassene weiße Federn. Der Altar, ein wuchtiger Steinblock, ist mit silbrig glänzenden Metallbändern eingefasst. Dahinter lehnt ein lang gezogenes Kreuz an der Wand. Gefüllt mit Sand aus der Wüste Sinai versinnbildlicht es den Wanderstab Mose, der sein Volk nach biblischer Überlieferung 40 Jahre durch die Wüste führte. Symbole der Ewigkeit, doch der Gestalter – der steirische Bildhauer und Konzeptkünstler Othmar Krenn (1952–1998) – hat die zugrunde liegende Idee der Kirche als »wanderndes Volk Gottes« auch auf sehr unkonventionelle Weise zum Ausdruck gebracht.

Ein Richtungspfeil am Boden, eine Verkehrsampel, ein Weihwasserbecken, das an einen Hydranten erinnert, und ein Schutzweg, der bei der Statue der Muttergottes endet, sind als Anspielungen auf die Lage des kleinen Gotteshauses zu verstehen.

Magisch auch, wie der Künstler die Natur in sein universelles Kirchenkonzept eingebettet hat. Durch ein Dachfenster strömt Tageslicht in das Innere und rückt so den Altar, besser als 100 Kerzen es vermöchten, ins Zentrum. Auch der sich verändernde Himmel schlägt sich auf die Aura nieder. Vom Ambo steigt eine Himmelsleiter empor. All das ist in einem einzigen kleinen Sakralraum künstlerisch verdichtet und schafft einen Ort der Ruhe und Gelassenheit, spirituell so aufgeladen, dass auch ein Nichtgläubiger gerührt sein kann.

Adresse Eggenberger Gürtel 76, A-8020 Graz, Tel. +43 (0)316/714849, www.st-lukas.info | Öffnungszeiten täglich 8–20 Uhr | Anfahrt Buslinie 50, Haltestelle St. Lukas, Buslinien 32, 33, Haltestelle Lissagasse aussteigen und auf den Gürtel gehen | Tipp Kontrastprogramm Shoppen – am besten geht das im CITYPARK einige hundert Meter stadtauswärts am Lazarettgürtel 55, einer von Mo bis Sa geöffneten Kathedrale des Konsums.

94 Die süße Luise

Und der Kuchen-Oscar geht an …

Bei Marktstandln ist man gewohnt, dass Deftiges auf den Teller kommt, als Abschluss einer kleinen Einkaufstour werden Würstel oder Speckbrote verzehrt. Bernadette Pausackl war am Lendplatz Stammkundin und dachte sich eines Tages: »Warum nicht einen Stand mit süßen Sachen und feinem Kaffee, das müsste doch klappen?!« Da es keine Zufälle gibt, war prompt ein Platz frei, und das Unternehmen »Süße Luise« konnte starten.

Namensgeber war ein Landbesitz ihrer Eltern – die lange Luise –, und das Konzept lag auf der Hand: eine Oase der Gemütlichkeit schaffen, wo sich Gäste zu Hause fühlen und als Teil einer Marktfamilie sehen. Regionaler Wareneinkauf wird von Bernadette wörtlich genommen, denn Ingredienzien für ihre Cupcakes und Kuchen, die auf der Zunge zergehen, finden sich direkt nebenan, an den Nachbarständen.

»Der Lend ist ein Dorf in der Stadt, ich lebe hier seit zehn Jahren. Und Kunden sind Freunde, die auf ein Frühstück bei mir vorbeikommen.« Und das hat es in sich, denn opulenter und frischer geht es nicht: Tartes und Quiches aus dem Ofen, Schnittlauchbrot mit kernweichem Ei, Café au Lait, das Ganze in einer heimeligen Atmosphäre arrangiert – es gibt nichts Schöneres, als einen Sommertag bei der »Luise« zu beginnen! Pausackl war vor ihrem Einstieg in die Gastronomie Jahre im Filmgeschäft und hat gelernt, wie man Ideen gekonnt in Szene setzt und Gedanken Wirklichkeit werden lässt. Für die Umsetzung ihrer süßen Phantasien gehört ihr allemal ein Kuchen-Oscar verliehen.

Dass sich Qualität durchsetzt, stellt Bernadette im Kunsthaus unter Beweis, das nur einen Steinwurf entfernt ist. Seit Kurzem obliegt ihr das leibliche Wohl der Museumsbesucher. Und das Konzept hat es in sich: Hier wird nicht nur gegessen und getrunken, sondern das Angebot setzt sich mit Ausstellungsthemen auseinander und reflektiert sie über die Speisekarte – klingt interessant!

Adresse Lendplatz, Stand 9, A-8010 Graz, Tel. +43 (0)650/2200022, www.facebook.com/DieSusseLuise | Öffnungszeiten Di–Fr 8–22 Uhr, Sa 8–15 Uhr | Anfahrt Buslinien 58 und 63, bei der Station Lendplatz aussteigen | Tipp Gleich gegenüber gibt es den Stand von »Macello« – Prosecco, Vino, Prosciutto, tutto bene!

95 Die Tegetthoff-Glocke

Als Österreich noch eine Seemacht war

Kaum 100 Jahre ist es her, da zeigte Österreich-Ungarns Kriegsmarine stolz Flagge in der Adria. Doch 1918 fand sich Österreich unter den Verlierern des Ersten Weltkrieges und war plötzlich ein Binnenland. Die Kriegsschiffe fielen samt und sonders an die Gegner. Für Anhänger der k. u. k. Kriegsmarine eine Katastrophe, weswegen sie danach trachteten, das Andenken an die Seemacht Österreich aufrechtzuerhalten. In der Kirche der Barmherzigen Brüder erinnert die Tegetthoff-Glocke an Österreichs einstige Größe zur See – doch ihre Geschichte ist reich an symbolischen Schiffbrüchen.

Unter Wilhelm von Tegetthoff erfocht 1866 ein Marineverband vor der kroatischen Küste einen Sieg gegen Italien. 1913 wurde ein Schlachtschiff nach dem Admiral benannt, der nur fünf Jahre nach der Seeschlacht von Lissa starb und in Graz beigesetzt ist. Der »SMS Tegetthoff« war jedoch auch kein langer Ruhm beschieden. Nach dem Ersten Weltkrieg fiel sie an Italien und wurde abgewrackt. Die Glocke, ein wichtiger Bestandteil jedes Schiffes, wanderte in ein Arsenal. 1941 kam sie als Geschenk Italiens an die Marine des verbündeten Deutschland. Dort sollte auf der »Prinz Eugen« die Tradition der k. u. k. Kriegsmarine – Österreich war 1938 in Nazi-Deutschland aufgegangen – in gewissem Ausmaß weiterzelebriert werden.

Aber auch das währte nicht lange. Das Deutsche Reich ging unter, der Kreuzer wurde 1946 bei US-Atomtests im Pazifik zum Versuchskaninchen, und die noch rechtzeitig vor dem Zugriff der Alliierten entzogene Glocke aus Gussstahl kam wieder einmal in der Fremde in Wartestellung. Endlich, man schrieb 1973, fand die Grazer Marinekameradschaft Tegetthoff ein Plätzchen dafür in dem Gotteshaus, das auch als Garnisonskirche dient. Hier erinnert sie an die Kriegstoten zur See und soll helfen, den Geist der Seefahrt an die kommenden Generationen zu vermitteln, wie es heißt.

Adresse Klosterkirche der Barmherzigen Brüder, Annenstraße, zwischen Südtiroler Platz und Roseggerhaus, A-8020 Graz | **Öffnungszeiten** täglich 6–17 Uhr | **Anfahrt** Straßenbahnlinien 1, 6 und 7, an der Haltestelle Roseggerhaus aussteigen | **Tipp** Das Tegetthoff-Denkmal am gleichnamigen Platz im Bezirk St. Leonhard wird nach einer Sanierung voraussichtlich 2015 neu aufgestellt. Militärgeschichtlich Interessierten sei ein Spaziergang auf den Schlossberg mit seinen zahlreichen einschlägigen Denkmälern ans Herz gelegt.

96 Das Theater am Lend

Bühnenkunst und Psychotherapie

Die Theaterwelt liegt im Argen. Wohin man blickt, werden Budgets gekürzt, Programme gestutzt, und der Sparstift geht um. Nur wenige Menschen sind noch bereit, Geld und Mühe in Kunstprojekte zu investieren. Bei Constanze Dennig läuft das ganz anders, die kulturaffine Neurologin suchte einen Ausgleich zu ihrem anstrengenden Beruf und fand ihn im Theater am Lend. Hier wirkt sie nicht nur als Financier und Intendantin, sondern inszeniert auch Stücke, die aus der eigenen Feder fließen.

Die Spielstätte befindet sich im Parterre eines Studentenheimes und besteht aus dem »Roten Saal« und dem »Schwarzen Café«. Ausstattung und Technik sind auf dem neuesten Stand, multifunktional und bieten großartige Bedingungen für das Schaffen einer bunten Schar von Kreativen.

Der Spielplan umfasst Eigenproduktionen, die Zusammenarbeit mit anderen Partnern und Gastspiele – entscheidend ist der »Blick von unten« auf die Struktur der Menschheit. Vom Rande aus gesehen erschließen sich neue Perspektiven auf die Gesellschaft unserer Tage, hier entstehen Räume des Nachdenkens und Innehaltens – der Besucher taucht ein in eine Welt, die er so nicht oft zu sehen bekommt. Eindimensionalität ist im Theater am Lend ein Fremdwort, hier geht es um Kunst in ihrer vollen Blüte – auf der Bühne tummeln sich Schauspieler, Musiker und Literaten; Filme und Videos werden gezeigt, und selbst das »Schwarze Café« wird ab und an zur Spielstätte einer interaktiven Szene – das Publikum wird in das Geschehen einbezogen und begreift, was es heißt, »auf der Bühne zu stehen«!

Geistige Nahrung dieser unkonventionellen Art ist immens wichtig und sollte daher nicht dem Sparzwang zum Opfer fallen. Frei finanzierte Spielstätten wie das TAL stellen den Gegenpol einer lebendigen und kritischen Szene dar in einer Welt, die vielen Normen und Zwängen unterliegt.

Adresse Wiener Straße 58a, A-8020 Graz, Tel. +43 (0)664/8443599, www.theater-am-lend.at | **Öffnungszeiten** je nach Spielplan, auf der Homepage ersichtlich | **Anfahrt** Straßenbahnlinien 1, 6 und 7, am Lendplatz aussteigen und in die Buslinie 40 umsteigen, das TAL liegt rechter Hand | **Tipp** Lassen Sie sich vor dem Theaterbesuch im »Hausfrauenpalast« in der Mariahilferstraße 22 aufstylen. Hier gibt es kreative Ideen für hübsche Köpfe.

97_Das Theatercafé

Humor und scharfe Eierspeis

Das Leben ist bekanntlich ein Kabarett und die Wirklichkeit irrwitziger als jede noch so schräge Idee eines Komikers. Hat der Künstler seine Gedanken geordnet, fehlen ihm oft das Publikum und der geeignete Ort, um Widerborstiges und Entlarvendes in die Welt hinauszutragen. Ein seltener Glücksfall hat sich in der Mandellstraße ereignet, wo eine Kultstätte der Nachteulen zur Kleinkunstbühne erkoren wurde und das pralle Leben mit den Theaterbrettern verschmolz.

»Hin und Wider« heißt der Verein, der seit 30 Jahren die Leute zum Lachen und Nachdenken bringt. Andreas Vitasek, Josef Hader, Roland Düringer und ungezählte andere Künstler sind hier aufgetreten und haben frischen Wind in dieses ehrwürdige Etablissement gebracht. 1885 eröffnete das Café Aufschläger als üppig ausstaffiertes Lokal für die gute Gesellschaft von Graz. Es überstand zwei Weltkriege und wurde vom kulturaffinen Jakob Slanz ab den 1950er Jahren zum Theatercafé umgewandelt. Nacht für Nacht gaben sich die Größen der Szene ein Stelldichein, man konnte in butterweiche Sofas sinken, an der Bar abhängen und dabei Livemusik genießen. Am raumbestimmenden Flügel erfüllte der legendäre Hauspianist »Herr Albert« jeden noch so ausgefallenen Wunsch des Publikums, und gegen Durchhänger in den frühen Morgenstunden gab und gibt es eine Wunderwaffe: Eierspeis' mit scharfen Würsteln – die weckt sogar Tote wieder auf!

Dass sich junger Pfiff und altbewährte Tradition bestens ergänzen, wird mit dem Kleinkunst-Wettbewerb im Theatercafé bewiesen. Hier kämpfen jedes Jahr aufstrebende und unverbrauchte Talente des Kabaretts um den »Kleinkunst-Vogel«. Preisgeld gibt es keines, dafür die Chance, über die Grenzen hinaus bekannt zu werden und eine Karriere zu starten – geboren im plüschigen Ambiente des Künstlercafés, das sich seit über 130 Jahren als Hort der Kultur behauptet.

Adresse Mandellstraße 11, A-8010 Graz, Tel. +43 (0)316/825365, www.hinwider.com | **Öffnungszeiten** an Veranstaltungstagen ab circa 19.15 Uhr | **Anfahrt** Straßenbahnlinie 1, an der Haltestelle Kaiser-Josef-Platz aussteigen und die Mandellstraße hinaufgehen, das Café liegt linker Hand | **Tipp** Über die Gasse finden Sie die »Antiquitäten-Kunstwelt« – ein Meer von Bildern aller Epochen.

98 Das Theriak-Labor

Kultarznei für alles und Hochgefühle obendrein

Man reibe Opium in Xereswein an, addiere Angelikawurzel, Malabar-Kardamomen, eine Prise Elfenbein, getrocknetes Vipernfleisch und weitere exotische Ingredienzien streng nach Rezept – und fertig ist das Mittel, das einen in der Vorstellungswelt des Mittelalters von Pest und jeder anderen Krankheit kuriert hat. Die Rede ist vom Theriak, einer der abenteuerlichsten Mischungen in der Geschichte der Pharmazie. Im Theriak-Labor, das der Inhaber der Mohren-Apotheke mit viel Sorgfalt eingerichtet hat, wird das sagenumwobene »Universalheilmittel« der Vergessenheit entrissen.

Als Mastermind des Theriak (abgeleitet vom griechischen thēríon = wildes Tier) gilt König Mithridates VI. von Pontos, der in permanenter Angst vor Giftanschlägen lebte. Mehr als 50 Inhaltsstoffe umfasste die erste dokumentierte Theriak-Mischung aus dem 1. Jahrhundert vor Christus; wenn sich jemand besser fühlte, war es wohl auf die Wirkung des Opiums zurückzuführen. Neros Leibarzt ließ den Opium-Anteil verfünffachen und reiche Römer mit echten oder eingebildeten Krankheiten auf Wolke sieben schweben. Ab dem Spätmittelalter begann die Hochzeit des mittlerweile auf bis zu 300 Bestandteile aufgeblasenen und extrem teuren Theriak – Venedig etwa verdankt einen Teil seines Reichtums der Theriak-Produktion in großem Maßstab.

Das in einem Gewölbe untergebrachte Museum lässt diese spezielle »Heilsgeschichte« wieder aufleben. Mörser, Waagen und Schaubilder verdeutlichen den Herstellungsprozess. Behälter mit Bibergeil, Harz, Enzian, Safran und Co. pflastern die Regale, aus einem Glaskasten lugt angriffslustig eine ausgestopfte Viper. Die letzte Rezeptur für das »Electuarium Theriaca«, reduziert auf die pflanzlichen Komponenten, findet sich übrigens noch im »Deutschen Arzneibuch« von 1953. Heute gilt Schwedenbitter als eine Art Theriak-Nachfolger, allerdings ohne Opium, Vipernfleisch und andere wilde Sachen.

Adresse Mohren-Apotheke, Südtirolerplatz 7, A-8020 Graz, Tel. +43 (0)699/11226644, www.mohren-apotheke.at/museum.html | Öffnungszeiten nach Vereinbarung | Anfahrt Straßenbahnlinien 1, 3, 6 und 7, an der Haltestelle Südtiroler Platz/Kunsthaus aussteigen | Tipp Werfen Sie einen Blick in die Auslage des Messergeschäfts Scala gegenüber – nur ein Beispiel von vielen Spezialgeschäften an der Annenstraße. Über Neuigkeiten aus dem Annenviertel informiert der Blog www.annenpost.at.

99_Das »Tischlein deck dich«

Achtung – Sessel festhalten!

Bei den Gebrüdern Grimm stand »Tischlein deck dich« als Synonym für Üppigkeit und Völlerei. In einer Zeit, wo Schmalhans Küchenmeister war, musste die Tafel übervoll gedeckt sein und Gebratenes wie Gesottenes in schwerer Sauce schwimmen.

Heute, in Zeiten der neuen Bescheidenheit, ist eine bewusste, möglichst fleischlose Ernährung, die trotzdem Freude am Essen lässt, gefragt – es soll herrlich schmecken, die Linie schonen und das ökologische Gewissen nicht über die Maßen strapazieren. Eine märchenhafte Vorstellung, die in der Schmiedgasse 23a zur schmackhaften Realität wird.

Die Speisekarte offenbart Erstaunliches: Bodenständigkeit und exotisches Flair finden zueinander, der Tisch wird jede Woche mit vegetarischen Köstlichkeiten gedeckt. Alle Ingredienzien sind aus der Region, biologisch angebaut und saisonal – Erdbeeren sucht man im Winter hier vergebens. Asiatische Suppen, Eintöpfe, Kartoffelgulasch und Pilzrisotto schmecken wunderbar, der Gast sollte aber aufpassen, dass ihm der Stuhl nicht unter dem Hintern weggezogen wird. Warum? Die Einrichtung stellt der »Laden 21«, der im ersten Stock seine Ausstellungsräume hat, zur Verfügung. Sessel, Tische, Lampen, Essgeschirr – alles hat Stil und Design, der Gast kann die Stücke kaufen und gleich mitnehmen. Essen und Shoppen als Gesamterlebnis, und die Einrichtung wird niemals fade – Herz, was willst du mehr!

Nur ein paar Schritte vom Lokal entfernt stand die alte Stadtmauer von Graz. Wie man weiß, ein idealer Ort für Wirtsgeschäfte und Rastplatz müder Reisender. Wer die Augen schließt, kann sich trefflich vorstellen, wie die Gebrüder Grimm aus der Kutsche steigen, sich den Staub von den Schultern klopfen und an die pralle Tafel setzen. Damals saß man auf rustikalen Bänken und aß Schweinebraten mit Knödeln, jetzt sind es Designerstühle und Thai-Curry mit Zitronengras – jedem das Seine!

Adresse Schmiedgasse 23a, A-8010 Graz, Tel. +43 (0)316/269888, www.schmiedgasse23.com | **Öffnungszeiten** Mo–Fr 11–19 Uhr, Sa 10–17 Uhr | **Anfahrt** vom Hauptplatz (wird von allen Straßenbahnlinien angefahren) in die Schmiedgasse hinter dem Rathaus gehen, das Lokal befindet sich linker Hand | **Tipp** In der Schmiedgasse steht die Spielbank von Graz – ihre Außenfenster sind gestalterisch ungewöhnlich.

100 Der Trachten-Seidl

Vom Außerirdischen zum Freund

Wenn die Straßen vom Donnern der Haferlschuhe erzittern, Dirndln und Lederhosen das Stadtbild bestimmen und man glaubt, einen Zeitsprung ins Ausseerland des 19. Jahrhunderts zu machen, ist Bauernbundball oder es wird »aufgesteirert« in Graz. Dann säumen Zigtausende Trachtenpärchen die Straßen oder marschieren in Divisionsstärke in die Stadthalle ein – für einen Außenstehenden eine Begegnung der dritten Art!

Woher nur nehmen all diese Menschen ihre wunderbaren Gewänder, diese zu Stoff gewordenen Zeichen von Heimat und Erdung? Des Rätsels Lösung liegt in der Schmiedgasse beim Trachten-Seidl – hier bekommt der Lodensüchtige alles, was sein Herz begehrt. Das Stammhaus steht in Anger, wo die Großeltern Seidl Stoffe und Kälberstricke verkauften. Heute konzentriert sich die Familie auf »Austrian Style« in moderner Ausformung, man geht mit der Zeit und bietet Kollektionen aus Designerhand ebenso wie traditionelles Gewand. Die Lederhose als Herzstück der Männergarderobe gibt es in allen Spielarten. Leder, Verarbeitung und Stickereien können individuell gewählt werden. Für die Damen gibt es Alpen-Kleider für jeden Anlass, edle Modelle für den Abend, Bodenständiges für Stock und Stein und Fetzig-Buntes fürs Zeltfest. Andreas Gabalier, der mit rauer Stimme zum Star wurde, ist Pate einer Kollektion, die Tracht und Rock'n' Roll zu einer explosiven Mischung verschmelzen lässt. Ein heißer Tipp für Einsteiger: Um chic auszusehen, bedarf es keines großen Geldbeutels – man kann sich Dirndl und Lederhose auch ausborgen.

Sollte man zu den oben genannten Terminen in der Stadt sein, sei es angeraten, schleunigst den Seidl anzusteuern und in eine adäquate Montur zu schlüpfen. Wer an solchen Tagen in »Zivil« angetroffen wird, erscheint in den Augen der Einheimischen als Außerirdischer – in Dirndl und Janker jedoch wird man sofort zum »friendly Alien«.

Adresse Schmiedgasse 13–15, A-8010 Graz, Tel. +43 (0)316/825177, www.seidl-trachten.at | **Öffnungszeiten** Mo–Fr 9.30–18 Uhr, Sa 9.30–17 Uhr | **Anfahrt** vom Hauptplatz (wird von allen Straßenbahnlinien angefahren) in die Schmiedgasse gehen, das Geschäft liegt linker Hand | **Tipp** Gleich daneben gibt es die Kaffeebar Buna – mit Espresso aus fairen Bohnen und süßen Cupcakes.

101 Das Tramway-Museum

Tradition und Moderne

Eine sonore Damenstimme erklingt aus dem Lautsprecher: »Endhaltestelle Mariatrost – bitte alle aussteigen!« Der Fahrgast verlässt den hypermodernen Niederflurwagen nach einer Fahrt durch das Villenviertel der Stadt, vorbei an Musikuniversität, Hilmteich und großzügigen Parks. Die Straßenbahn hat in Graz eine lange Tradition, die man im Museum der Verkehrsbetriebe in einer ehemaligen Remise besichtigen kann – als Wegweiser dient ein alter Waggon der Schlossbergbahn.

Nicht ohne Grund hat sich das Museum hier positioniert: Die Linie 1 wurde vor über 100 Jahren vom Stadtbaumeister Andreas Franz als elektrische Kleinbahn gebaut und bekam von der Bevölkerung der Lackierung wegen den Spitznamen »die rote Tramway«. Als Mariatrost in den 1940er Jahren eingemeindet wurde, ging die lokale Straßenbahn schließlich im Netz der Verkehrsbetriebe Graz auf, doch der Enkel Erwin Franz setzte dem Großvater mit der Errichtung des Museums ein würdiges Denkmal. Neben der Illustrierung der Geschichte vom Ende des 19. Jahrhunderts bis zum heutigen Tag lassen vor allem historische Fahrzeuge das Herz jedes Technikfans höherschlagen. Die wuchtige Halle bietet genügend Platz für mehr als 40 Triebwagen und Waggons aus vergangenen Epochen. Wer durch die Halle streift, erlebt technische Entwicklung und Design des öffentlichen Verkehrs hautnah, keine Absperrungen hindern den Interessierten – ein Museum zum Anfassen und Probesitzen.

Ein besonderes Gustostückerl ist die Anfahrt mit nostalgischen Garnituren aus längst vergangenen Tagen. Lenker und Schaffner tragen Original-Kostüme, die Wagen versprühen den Charme der Geschichte – lange Zeit war Mariatrost ein Dorf und eine Reise mit der »Tramway« ein Erlebnis für die Bevölkerung. Heute kann man auf deren Spuren wandeln und sich am offenen Waggon die frische Luft um die Nase wehen lassen.

Adresse Mariatroster Straße 204, A-8044 Graz, www.tramway-museum-graz.at | Öffnungszeiten Eine Besichtigung ist für Gruppen nach Voranmeldung unter tramway-museum-graz@chello.at jederzeit möglich. | Anfahrt Das Museum liegt direkt an der Endhaltestelle Mariatrost der Straßenbahnlinie 1. | Tipp Nach einem kleinen Anstieg wartet auf Sie die Basilika Minor am Mariatroster Berg – ein Juwel barocker Kirchenarchitektur.

102 Unterwäsche Herunter

Nomen est omen

Kennen Sie einen Arzt namens Kerngesund oder einen Anwalt mit dem Namen Immerrecht? Na eben! Es gibt wundersame Übereinstimmungen zwischen Taufschein und Beruf: Ein perfektes Beispiel dafür ist das exklusive Lingerie-Geschäft in der Stempfergasse – Unterwäsche Herunter. Die Besitzerin heißt wirklich so, und im eleganten Ambiente werden Seide und Spitze anprobiert, die man später umso lieber wieder auszieht.

Unterwäsche hat sich gewaltig weiterentwickelt: Die sogenannte Leibwäsche diente in grauer Vorzeit eher als Hautschutz vor allzu kratzigem Darüber, später musste sie in erster Linie eines sein – praktisch und bequem.

Heute gibt es Dessous, die Sexappeal verströmen und trotzdem angenehm zu tragen sind. Christa Herunter war eine Seiden-Pionierin und kennt den Wandel: »Ende der 1980er wurde noch ein bisschen versteckt eingekauft, heute ist Lingerie eine Selbstverständlichkeit.« Im eleganten Store gibt es unter alten Wandbögen viel Frisches und Knackiges: Topmarken wie Eres, Paladini, Stella McCartney und Michael Kors stehen für Exklusivität und feinste Qualität und sind Teil eines Gesamtkonzepts. »Natürlich bieten wir auch Bademode und passende Taschen an, unsere Kundinnen sollen auch am Strand perfekt gestylt sein.« Diese rekrutieren sich aus allen Altersgruppen und sind bereit, ein wenig tiefer in die Tasche zu greifen – zarteste Materialien in bester Verarbeitung und mit perfektem Sitz haben ihren Preis, doch jedes Stück umschmeichelt als kleines Kunstwerk den Körper.

In Zeiten des perfekten Marketings und der Corporate Identity wäre es eine zündende Geschäftsidee, seinen Namen ändern zu lassen, um diese beiden Fliegen mit einer Klappe zu schlagen. Wie wäre es mit einem Wirt namens Trinkaus oder einem Maler Kunterbunt? Deren Läden würden voraussichtlich schnurren, aber dem zuständigen Standesbeamten die Haare senkrecht zu Berge stehen!

Adresse Stempfergasse 7, A-8010 Graz, Tel. +43 (0)316/824460 | **Öffnungszeiten** Mo–Fr 9.30–13 und 14–18 Uhr, Sa 9.30–17 Uhr | **Anfahrt** vom Hauptplatz (wird von allen Straßenbahnlinien angefahren) in die Herrengasse gehen, die Stempfergasse liegt linker Hand | **Tipp** Für das »Darüber« gibt es nebenan die Boutique Vogue – exklusiv und stylish.

103 Die Velorabilia-Sammlung

Kitsch und Nippes ums Rad

Eine der originellsten Privatsammlungen der Steiermark bekommt man im Grazer Bezirk Gösting zu sehen. Walter Bradler hortet seit einem Vierteljahrhundert alles, was Spielzeugmachern, Souvenirherstellern und Kunsthandwerkern rund um den Globus zum Thema Fahrrad eingefallen ist. Zwei Kellerräume seines Hauses hat er in einen schreiend bunten Mikrokosmos des Radfahrens verwandelt. »Je kitschiger, desto lieber«, sagt der leidenschaftliche Radfahrer und Sammler bei der Präsentation seiner Schätze.

Als dominierende Spezies in der Tausende Exponate umfassenden Velorabilia-Sammlung kristallisieren sich die Ein-, Zwei- oder Dreirad fahrenden Kreaturen heraus. 1972 machte eine Franz-Josef-Strauß-Figur, auf einem Dreirad sitzend und einen Bierkrug schwenkend, gute Stimmung für die Olympischen Spiele in München. Grasgrüne Radfrösche, Garfield, der faule Kater, die Schlümpfe, ein Kugelfisch, Aliens und Dutzende weitere schrullige Radler-Figuren sorgen für Staus in den Vitrinen. Als globaler Klassiker entpuppt sich der Weihnachtsmann. Aus den USA stammt etwa ein Santa Claus mit Surfbrett, der offenbar an den Strand radelt.

Dass schon mit dem Radfahrboom Ende des 19. Jahrhunderts ein Markt für Deko-Objekte mit Velo-Bezug aufkam, verdeutlichen der aufwendig gearbeitete Gablonzer Christbaumschmuck aus Böhmen und der Bierkrug, auf dem ein Hochradfahrer abgebildet ist – samt Verkehrstipp: sachte beim Bergabfahren. Plastik ist heutzutage der bevorzugte Werkstoff der radaffinen Designer. Daneben bevölkern Objekte aus Metall, Glas, Keramik, Holz sowie Essbarem die Vitrinen.

In Bradlers Biker-Universum gibt es nichts, was es nicht gibt. Die Kuchenform für den Pedalritter? Bereits erfunden. Ein Nachttopf mit Radmotiv? Bitte sehr. Und wer vom Radfahren träumen will, der aktiviert beim Zubettgehen das Bike-Schlummerlicht aus Holland, gestaltet im Stil von Delfter Porzellan.

Adresse Göstinger Straße 149a, A-8051 Graz, Tel. +43 (0)316/685765, walter.bradler@aon.at | **Öffnungszeiten** Besichtigung nach Vereinbarung | **Anfahrt** Buslinie 85, an der Station Negrelligasse aussteigen, den Zugang zu Haus 149a erreicht man über die Einfahrt circa 100 Meter vor dem Plabutscher Schlössel | **Tipp** Reservieren Sie sich bei der Buchungsplattform www.grazbike.at einen Drahtesel für Erkundungen in und um Graz. Tipps für Stadtradler findet man unter http://graz.radln.net; eine (gedruckte) Radkarte für Graz erhält man bei »mobil zentral« in der Jakoministraße 1, die App dazu bei www.bikecityguide.org/de/city/at/graz.

104 Die Villa Rückert

Im Schoße der Familie

Weltweit schießen Luxushotels wie Pilze aus dem Boden und bieten allen erdenklichen Komfort für Menschen, deren Brieftaschen prall gefüllt und deren Ansprüche global sind. Ob Hongkong, New York oder Berlin – die Fassaden, Foyers und dienstbaren Geister der Ketten sind austauschbar. In der Villa Rückert wird diesem Ungeist getrotzt, denn hier taucht man ein in wahrlich persönliches Ambiente.

Die stattliche Villa beherbergt seit den 1950er Jahren Gäste und Besitzer unter einem Dach. Damals wohnten Schuhmanns in der Beletage, und Kachelöfen befeuerten die Pensionszimmer zur ebenen Erde vom Gang aus. Dann wurde aufgestockt, und eine besondere Epoche des Hauses begann: Viele Jahre belegte das Ensemble des Schauspielhauses Graz alle Zimmer und brachte gewaltige Stimmung mit. »Laut meiner Großmutter gingen die Vorstellungen direkt weiter, Liebesdramen, Theaterintrigen und Eifersüchteleien waren an der Tagesordnung – eben Menschen im Hotel«, erzählt die heutige Eigentümerin Katrin Schuhmann. Später »normalisierte« sich der Betrieb, doch das einzigartige Flair des Hauses ist geblieben.

Mittlerweile sind alle Zimmer elegant und modern ausgestattet, und der Gast genießt jeglichen Komfort, doch er kann sich sicher sein, nicht als »Nummer« behandelt zu werden. Hier erwartet ihn kein Allerwelts-Hotel, sondern ein zweites Zuhause: Ob alte Parkettböden, der Ausblick in den schönen Garten oder der persönliche Service beim Frühstück – der Gast ist eigentlich Besucher der Familie Schuhmann.

Beim Namensgeber handelt es sich übrigens um den deutschen Lyriker Friedrich Rückert, dessen Werk sich als roter Faden durch das Hotel zieht. Im Foyer und in den Zimmern stehen Gedichte des Meisters an den Wänden. So wird nicht nur der Körper des Gastes durch daunenweiche Betten, prächtige Aussicht und echte Freundlichkeit verwöhnt, sondern wohlgeformte Zeilen erfrischen auch seine Seele.

Adresse Rückertgasse 4, A-8010 Graz, Tel. +43 (0)316/323031, hotel@rueckert.at, www.rueckert.at | **Öffnungszeiten** Die Rezeption ist täglich von 6–22 Uhr besetzt. | **Anfahrt** Straßenbahnlinie 1, bei der Station Lenaugasse aussteigen und retourgehen. Die Rückertgasse befindet sich nach 100 Metern linker Hand. | **Tipp** Gleich vor der Haustür befindet sich der Tegetthoff-Park – das Denkmal für den Helden von Lissa ist sehenswert.

105_Das Volkshaus

Grazer, hört ihr die Signale?

19,9 Prozent und Platz zwei bei den Gemeinderatswahlen 2012 – was der Kommunistischen Partei in Graz gelungen ist, davon scheinen die Rot-Roten im Rest Österreichs und Europas Millionen Lichtjahre entfernt. Als die Grazer KP im Jahr 2003 erstmals ein Fünftel der Stimmen absahnte, da meldete sich im Rathaus sogar die CIA aus dem fernen Washington: Beim US-Geheimdienst war das »rote Frühwarnsystem« angesprungen – noch dazu ganz nahe am ehemaligen Eisernen Vorhang …

Die Politzentrale der Grazer (und der steirischen) KPÖ liegt im Arbeiter- und Migrantenbezirk Gries und versprüht ganz intensiv das Flair der 1950er Jahre. Das sogenannte »Volxhaus« ist ein Musterbeispiel der damaligen Architektur: Fassade, geometrische Fensteranordnung und helle, offene Räume bestechen durch eine klare bauliche Linienführung. Kein Wunder, hatte das Gebäude doch eine prominente Mitgestalterin – Margarete Schütte-Lihotzky. Sie schloss als erste Frau ein Architekturstudium in Österreich ab und ging durch die Erfindung der »Frankfurter Küche« in die Geschichte ein.

Das dazugehörige Bildungszentrum in der Lagergasse positioniert sich als gastfreundliches Haus: Abseits von Politveranstaltungen werden hier auch hochkarätige Lesungen, Konzerte und Filme angeboten. Ein großes Ohr für die Grazer öffnet sich bei den diversen Festen, wo Live-Acts, Kinderprogramme und heiße Würstel Wohlfühlatmosphäre schaffen. Der gelernte Grazer kümmert sich wenig um politische Hintergründe und genießt den »roten« Service – hier ist alles hervorragend organisiert und offen für alle Besucher!

Der prompte Rückruf an den amerikanischen Geheimdienst stellte daher klar: Cool down, Freunde, hier rasselt kein Eiserner Vorhang runter, sondern Graz ist anders! Ein Kurzbesuch im Volxhaus überzeugt, dass Architektur und Betrieb herzlich wenig mit Lenin und Stalin zu tun haben!

Adresse Lagergasse 98a, A-8020 Graz, Tel. +43 (0)316/712959, www.kpoe-graz.at | **Öffnungszeiten** zu Veranstaltungen und nach Vereinbarung | **Anfahrt** Straßenbahnlinie 5, Haltestelle Karlauergürtel, in Richtung Mur gehen und links in die Lagergasse einbiegen | **Tipp** Jenseits der Mur liegt das Augartenbad – gut, um sich nach einer hitzigen Polit-Diskussion oder an einem heißen Tag abzukühlen.

106 Das Vorstadttheater

Just the two of us …

An der Burg bedeutet Vorstellung ein logistisches Großunternehmen, neben unzähligen Schauspielern werden mächtige Kulissen geschoben, und ein Stab von Assistenten sorgt für das Wohl der Stars – vielleicht sind deswegen die Finanzen des Unternehmens so marode?

Dass es auch anders geht, wird beim »Vorstadttheater« sichtbar, hier ist Minimalismus das Gebot, genau ein Schauspieler folgt den Anweisungen eines einzigen Regisseurs – und das klappt wunderbar.

Wie wird zu Werke gegangen? Ed Hauswirth sucht Prosatexte, die dramatisiert und auf eine Person reduziert werden, Matthias Ohner bringt die neuen Texte auf die Bühne. Wo diese steht, hängt von spontanen Ideen ab, Extrazimmer von Gasthäusern, private Gewölbe und abbruchreife Häuser können zu Spielstätten werden, wichtig sind Atmosphäre und enger Kontakt zum Publikum. Das Theater soll flexibel und mobil sein, unbelastet von Ausstattung und Garderobe, alles besticht durch Kargheit und klare Linie. Die Stücke haben Tiefgang und Bezug zur Gegenwart, ob Horvaths »Ein Kind unserer Zeit« oder Kafkas »Die Verwandlung«, der Schauspieler erzählt eine Geschichte mit psychischer und physischer Nähe zum Zuschauer. Seit einem Jahr begeistert »Jugend ohne Gott« auf der Probebühne des Schauspielhauses, mit intensivem Spiel wird dieser dunkle Roman Horvaths lebendig und gegenwärtig. Dass ständige Präsenz an die Substanz geht, merken auch die beiden Theatermacher, deswegen wird der »dritte Mann« gesucht – man kann gespannt sein, welche Weltliteratur dann auf die Bretter gebracht wird.

Wer glaubt, im Vorstadttheater nur durch hohe Kunst erbaut zu werden, irrt übrigens – das Projekt »Soulbrüder« läuft parallel und verbindet Bühne und Dancefloor. Nach dem Motto »Theater und Party« werden nach der Vorstellung die Stühle zur Seite geräumt, die Turntables angeworfen und Zuschauer zu Akteuren – die Plattenreiter Ed und Matze schlüpfen in eine neue Rolle!

Adresse Büro: Zeillergasse 10, A-8020 Graz, Tel. +43 (0)699/10602485, http://vorstadttheater.wordpress.com | Öffnungszeiten zu Beginn der Vorstellung | Tipp Gehen Sie nach der Vorstellung einfach ins Freie und lassen Sie sich überraschen, der Reiz liegt im Unbekannten!

107 Die Weikhard-Uhr

Dort, wo alles begann

Chatrooms und Internet-Foren lassen allerlei Spielraum für Phantasien, im wahren Leben jedoch beginnen zarte Bande meistens mit einem ersten Rendezvous. Wo soll das Stelldichein stattfinden, wo befindet sich der Punkt, von dem man einmal sagen kann – genau da hat alles begonnen? In Graz ist diese Frage leicht zu beantworten, denn hier ist der Hotspot für Begegnungen aller Art vorgegeben: Wir treffen uns bei der Weikhard-Uhr!

Bereits 1720 hatte ein gewisser Johann Planckh ein Uhren-Geschäft eröffnet, das noch heute als Firma »Anton Weikhards Söhne« am Hauptplatz besteht. Die Manufaktur für Kleinuhren siedelte sich an dieser prominenten Stelle um 1900 an und wurde bald über die Grenzen der Landeshauptstadt hinaus bekannt. Heute kann man bei Weikhard nicht nur Armbanduhren der feinsten Qualität, sondern auch edles Geschmeide aus eigener Werkstatt erwerben. Ein besonderes Gustostückerl befindet sich im hinteren Teil des Hauses, dort ist ein großes Swatch-Museum untergebracht. 1930 wurde die damals hypermoderne Standuhr vor dem Geschäft montiert, um den Passanten einen besonderen Blickfang zu bieten. Dieses Ziel wurde erreicht, doch bald ergab sich ein wundersamer Nebeneffekt: Pärchen sonder Zahl trafen sich von nun an bei der Uhr und tun es heute noch. Kein Kavalier und keine Dame können falschliegen, wenn sie diesen Ort wählen – er ist unverdächtig und hat zugleich einen romantischen Touch.

Einen Steinwurf entfernt steht das Rathaus – mit dem schönsten und größten Trauungssaal der Stadt. Täglich werden Ringe getauscht, Eide geschworen und die Segel gesetzt für die ungewisse Reise ins Abenteuer Ehe. Bei einem Gläschen Sekt stehen die Paare dann am Balkon, lassen ihre Blicke über den Hauptplatz von Graz schweifen, und nicht wenige bleiben mit ihren Herzen an der Weikhard-Uhr hängen – hier haben wir einander das erste Mal in die Augen geschaut …

Adresse Hauptplatz 13, A-8010 Graz, direkt vor dem Juwelier Weikhard | Öffnungszeiten Die Uhr ist Tag und Nacht zu besichtigen. | Anfahrt Die Uhr befindet sich am Hauptplatz, der von allen Straßenbahnlinien angefahren wird. | Tipp Am Hauptplatz gibt es »Wok und Würstel« – bei diesem Standl werden steirische und asiatische Jausenwünsche perfekt erfüllt.

108 Die Wildtierstation

Wo Fuchs und Hase einander Gute Nacht sagen

Der Hund mit verletzter Pfote kommt zum Tierarzt, ebenso der bei einer Rauferei ramponierte Stubentiger oder der Wellensittich, den das Singen nicht mehr freut. Doch wo finden in Not geratene Wildtiere, von denen es in Graz und Umgebung verblüffend viele gibt, Hilfe? Wenn ein tierliebender Mensch Alarm schlägt, in der Wildtierstation im Leechwald. Getragen wird die in Österreich einzigartige Einrichtung von dem Verein »Kleine Tiere in großer Not«.

Jungvögel, die ein Sturm aus dem Nest bugsiert hat, eine Eule mit Flügeltrümmerbruch, ein Schwan mit ramponiertem Schnabel, verwaiste Rehkitze und Füchse, Hasen, Igel, die sich zu spät um ein Winterquartier umsahen – allesamt finden sie in den Gehegen und Volieren ein temporäres Zuhause. Mit enormem Einsatz päppelt ein Team von Tierfreunden die Findlinge und Babys auf, die ohne Hilfe wohl verloren wären. 2009 bekam der Verein das Gelände mit Grund-Infrastruktur zur Verfügung gestellt. Weil der Andrang immer größer wird, müssen die Unterbringungsmöglichkeiten ständig erweitert werden.

Herzerwärmende Geschichten bekommt man bei einem Rundgang zu hören. Von einem Kind, das aus dem Urlaub am Bauernhof ein Ei mit nach Hause brachte, welches eine Laufente aus dem Nest gerollt hatte. Aus dem Ei schlüpfte schließlich ein Küken, das in der Wildtierstation eine Heimat fand und sich verpartnerte. Oder von einem Waschbär, der in der Tiefgarage eines Grazer Kaufhauses auftauchte. Auch Murmeltiere hat man bereits in der Stadt entdeckt.

Der Verein ist rund um die Uhr erreichbar. Die Pflege ist aufwendig – junge Amseln oder Raben etwa verlangen dauernd nach Futter. Ziel der Tierfreunde ist es, ihre Schützlinge wieder fit für die Wildnis zu machen. Gesund gepflegt genießen die meisten Gäste noch ein paar Tage das Angebot von freier Kost, bis sie sich verabschieden. Wer ein Herz für Tiere hat – Sammelbüchse füllen!

Adresse Hilmteichstraße 106, A-8010 Graz, Tel. Rettung: +43 (0)650/6452535, www.wildtiere-in-not.at | **Öffnungszeiten** täglich 9–17 Uhr, im Sommer länger | **Anfahrt** Straßenbahnlinie 1, an der Station Hilmteich aussteigen, durch den Waldseilgarten auf den Forstweg gehen und den Schildern folgen | **Tipp** Beachten Sie auch den Themenweg »Menschenrechte« beim Anmarsch zur Wildtierstation. Von Mitte April an steht am Hilmteich der Klettergarten WIKI Adventure Park für Abenteuer in luftigen Höhen offen.

109_Das Witwenpalais

Glanzvolle Trauer

Das Witwendasein kann ambivalente Gefühle auslösen: Meist überwiegt die Trauer, ab und an ertönt ein Seufzer der Erleichterung, doch allein zu sein bedeutet immer einen tiefen Einschnitt im Leben der Zurückgelassenen. War man die Frau des sogenannten »Fideicomissbesitzers« im Palais Attems, musste frau sich, zumindest was die Wohnung anbelangte, keine Sorgen machen – im Witwenpalais gleich nebenan war Platz genug für einen Lebensabend im gewohnten Ambiente.

Ursprünglich befand sich hier eine Hofstätte mit Stallungen und Gesindehaus. Das heutige Portal weist auf die spätere Bestimmung des Hauses hin, denn an der Stirnseite prangt das Steinrelief einer »Maria im Strahlenkranze«, die als Inbegriff der Frau und Mutter gilt. Das dreigeschossige Gebäude ist schmal und eng ans wuchtige Palais Attems geschmiegt. Die Fensterfronten wurden Anfang des 18. Jahrhunderts vereinheitlicht und sind mit hervorragend gearbeiteten Ornamenten im Bänder- und Gitterwerk-Stil verziert. Eine Besonderheit stellt der heimelige Innenhof dar, der durch den Stilmix aus barockem Laufgang und Rokoko-Stiegenhaus einen Abriss der Geschichte bietet. Anhand der Bauentwicklung ist gut erkennbar, wie sich die Ansprüche der Witwen im Laufe der Jahrhunderte geändert haben: War das Palais zu Beginn ein schlichtes zweistöckiges Haus, wurden nach und nach eine weitere Etage und ein geräumiger Dachboden aufgesetzt, um der wachsenden Entourage der trauernden Hinterbliebenen Platz und Annehmlichkeiten zu bieten.

Gesundes Leben und beste medizinische Versorgung haben dazu geführt, dass mittlerweile viele Frauen ein biblisches Alter erreichen. Als das Witwenpalais noch »in Betrieb« stand, war derlei Lebenserwartung eher selten der Fall, was akute Platznot vermied. Heutzutage müsste wohl ein Stockwerk pro Kopf und Nase genügen, und die Emanzipation würde ihren Tribut fordern – gemischte Alters-WG im Palazzo!

Adresse Sackstraße 17, A-8010 Graz | **Öffnungszeiten** Der Hof ist während des »steirischen herbst« und der »styriarte« geöffnet, ansonsten ist das Gebäude von außen zu besichtigen. | **Anfahrt** Vom Hauptplatz (wird von allen Straßenbahnlinien angefahren) in die Sackstraße gehen. Das Gebäude liegt linker Hand. | **Tipp** Schräg gegenüber befindet sich die Schlossbergstiege – einzigartige Linienführung, doch ein beschwerlicher Aufstieg!

110 Die Wunderkammer

In jedem Winkel Neues

Im Kulturhistorischen Museum Wien wurde nach langer Umbauzeit die Kunstkammer wiedereröffnet, die ein Kaleidoskop künstlerischer Fertigkeiten unter der Habsburger Krone zeigt. Viele Objekte sind von derartiger Pracht, dass man eher von Wundern als von Kunst sprechen möchte. In einem viel kleineren Rahmen hat sich am Glacis ein Reich entwickelt, dessen Sammelsurium an Dingen der Mensch zwar nicht braucht, das für ihn aber von unwiderstehlicher Anziehungskraft ist. In jedem Winkel warten Überraschungen, und man hat das Gefühl, dass der Besitzer selbst erstaunt ist, welche Mirakel sein Laden offenbart.

Hans Gamperl, per Eigendefinition ein geborener Sammler, sitzt höchstpersönlich im winzigen Geschäft und wirkt ein wenig wie Alberich, über den Schatz der Nibelungen wachend. Bis an die Decke sind in einer bunten Mischung, die auf den ersten Blick keine Ordnung erkennen lässt, Raritäten gestapelt. Doch Gamperl weiß genau Bescheid, denn jedes Stück hat eine Geschichte und ist von ihm aus versteckten Quellen im wahrsten Sinne des Wortes »ausgegraben« worden. Hier findet man vom Lüster über Vinyl-Platten und Designerstühle bis zu Plakaten und Postkarten alles, was das Herz begehrt. Die »spécialités de la maison« sind Blechspielzeug und Freitag-Taschen, die aus alten Lkw-Planen gefertigt wurden. –Es geht die Mär um, dass hier jeder noch so ausgefallene Wunsch zufriedengestellt wird.

Die Habsburger herrschten eine Ewigkeit über Österreich und konnten sich den Luxus erlauben, viele ihrer Kunstschätze in Hofdepots verstauben zu lassen. Einige dieser Prachtstücke sind durch die Neugestaltung der Kunstkammer wieder ins Licht der Öffentlichkeit gerückt. Man munkelt, dass auch Herr Gamperl einen Keller in der Glacisstraße besitzt: Wer weiß, was sich hier an Wunderdingen versteckt und im Laufe der Jahre den Weg in den Laden findet – also öfter mal vorbeischauen!

Adresse Glacisstraße 19, A-8010 Graz, Tel. +43 (0)699/11744220, www.wunderkammer-graz.at | Öffnungszeiten Mo–Fr 14–18 Uhr | Anfahrt Buslinie 31, an der Haltestelle Zinzendorfgasse aussteigen und den Glacis hinaufgehen. Das Geschäft liegt rechter Hand. | Tipp Gleich nebenan liegt das Café B.EAT – hier gibt es hervorragende Burger!

111 Der Zuckerl-Haller

Die göttliche Bohne

Kaziken hießen die allmächtigen Herrscher der Azteken im heutigen Mexiko, ihr Reichtum bietet Stoff für Tausende Legenden – wichtigstes Privileg der gottgleichen Herren waren allerdings der Besitz und der Genuss von Kakaobohnen. Die kostbaren Früchte wurden sogar als Zahlungsmittel eingesetzt. Und vom Häuptling Montezuma geht die Mär, dass er Unmengen von Kakao trank.

Bald kam der »Xocólatl« in die Alte Welt und begann, mit Rohrzucker versetzt, seinen Siegeszug durch die Gaumen der Menschen. In Graz nahm sich die Familie Haller, die im 17. Jahrhundert eine Lebzelterei und Wachszieherei gegründet hatte, der süßen Herausforderung an und verwöhnt seit damals die Schleckermäuler der Stadt. Hier passt wirklich alles: Fassade und Interieur bestehen aus dunklem, schwerem Holz, die prachtvolle Stuckdecke mit Blasengeln und einem wuchtigen Kristallüster krönt den winzigen Verkaufsraum. Es geht ein wenig eng zu, doch das zahlt sich aus: Hinter geschliffenem Glas liegen wahre Kunstwerke der Chocolatier-Zunft, mit filigranen Greifzangen werden Buttertrüffel, Karamellen und Krokant liebevoll in Säckchen gepackt, die gut in der Hand liegen – vielleicht zu gut! Es soll beim Haller des Öfteren vorkommen, dass Kunden mit einer Ladung Pralinés entschwinden und kurz darauf zurückkehren, um Nachschub zu ordern – mit dem glücklichsten Lächeln der Welt auf ihren Gesichtern.

Neben den Sinnesräuschen für die Geschmackspapillen gibt es zur Weihnachtszeit einen optischen Aufputz. Vor dem Schaufenster fühlt man sich wie in die Goldkammer der Azteken zurückversetzt. Unzählige Christbaumkugeln schmücken den Laden und tauchen die Bonbons in schimmerndes Licht. Würde der Kazike Montezuma wiederauferstehen, zöge ihn die Schokolade sofort magnetisch in die Herrengasse – im güldenen Glanze ein Tässchen Kakao zu schlürfen, wäre ganz nach dem Geschmack des vergöttlichten Genießers.

Adresse Herrengasse 23, A-8010 Graz, Tel. +43 (0)316/838350, office@ferdinand-haller.at | **Öffnungszeiten** Mo–Fr 9–18.30 Uhr, Sa 9–17 Uhr | **Anfahrt** vom Jakominiplatz (wird von alles Straßenbahnlinien angefahren) in die Herrengasse, das Geschäft liegt rechter Hand | **Tipp** Besuchen Sie das altehrwürdige Geschirrgeschäft Klammerth in der Herrengasse 7 – hier gibt es feinste Porzellanschälchen für Ihre Bonbons.

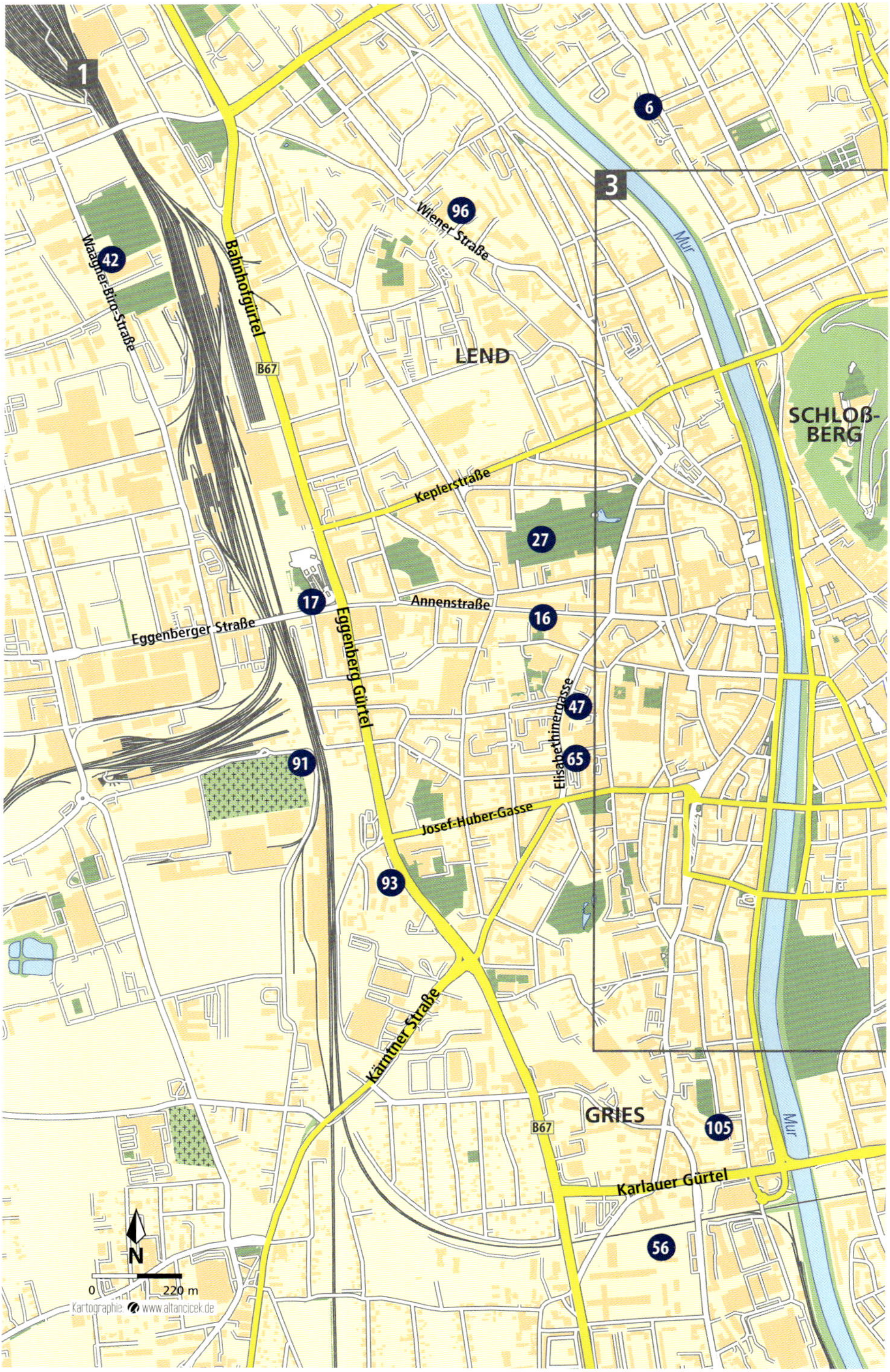

1
3
6
96
42
17
16
27
47
65
91
93
105
56
Wiener Straße
Waagner-Biro-Straße
Bahnhofgürtel
B67
LEND
Mur
SCHLOß-
BERG
Keplerstraße
Annenstraße
Eggenberger Straße
Eggenberg Gürtel
Elisabethinergasse
Josef-Huber-Gasse
Kärntner Straße
GRIES
Karlauer Gürtel
N
0
220 m
Kartographie: www.altancicek.de

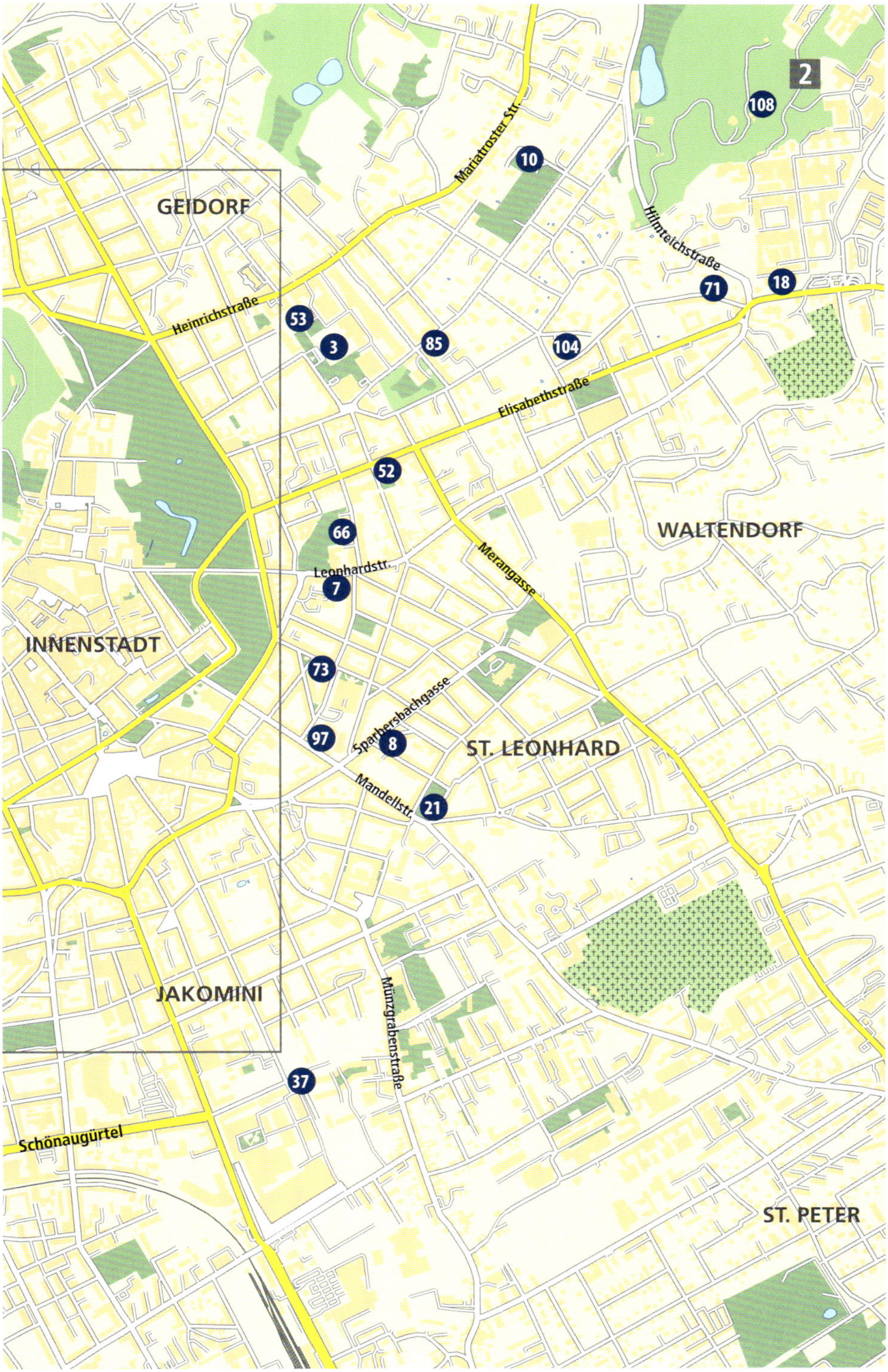
2
108
10
Mariatroster Str.
GEIDORF
Hilmteichstraße
71
18
Heinrichstraße
53
3
85
104
Elisabethstraße
52
66
WALTENDORF
Leonhardstr.
7
Merangasse
INNENSTADT
73
Sparbersbachgasse
97
8
ST. LEONHARD
Mandellstr.
21
JAKOMINI
Münzgrabenstraße
37
Schönaugürtel
ST. PETER

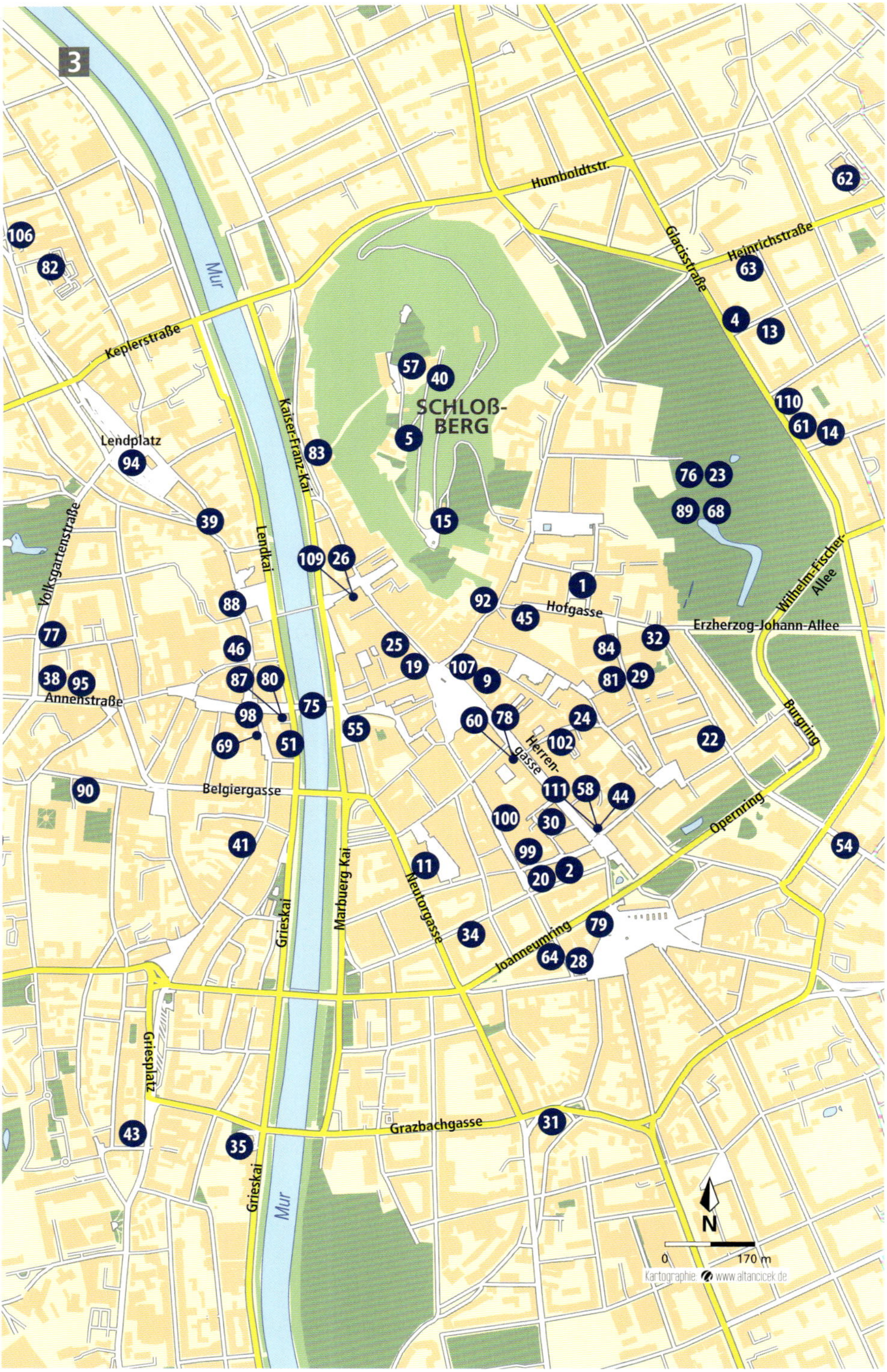
3
Humboldtstr.
Heinrichstraße
Glacisstraße
Mur
Keplerstraße
Kaiser-Franz-Kai
SCHLOß-
BERG
Lendplatz
Lendkai
Volksgartenstraße
Hofgasse
Erzherzog-Johann-Allee
Wilhelm-Fischer-Allee
Annenstraße
Burgring
Herren-
gasse
Belgiergasse
Opernring
Marbuerg Kai
Neutorgasse
Grieskai
Joanneumring
Griesplatz
Grazbachgasse
N
0
170 m
Kartographie: www.altancicek.de

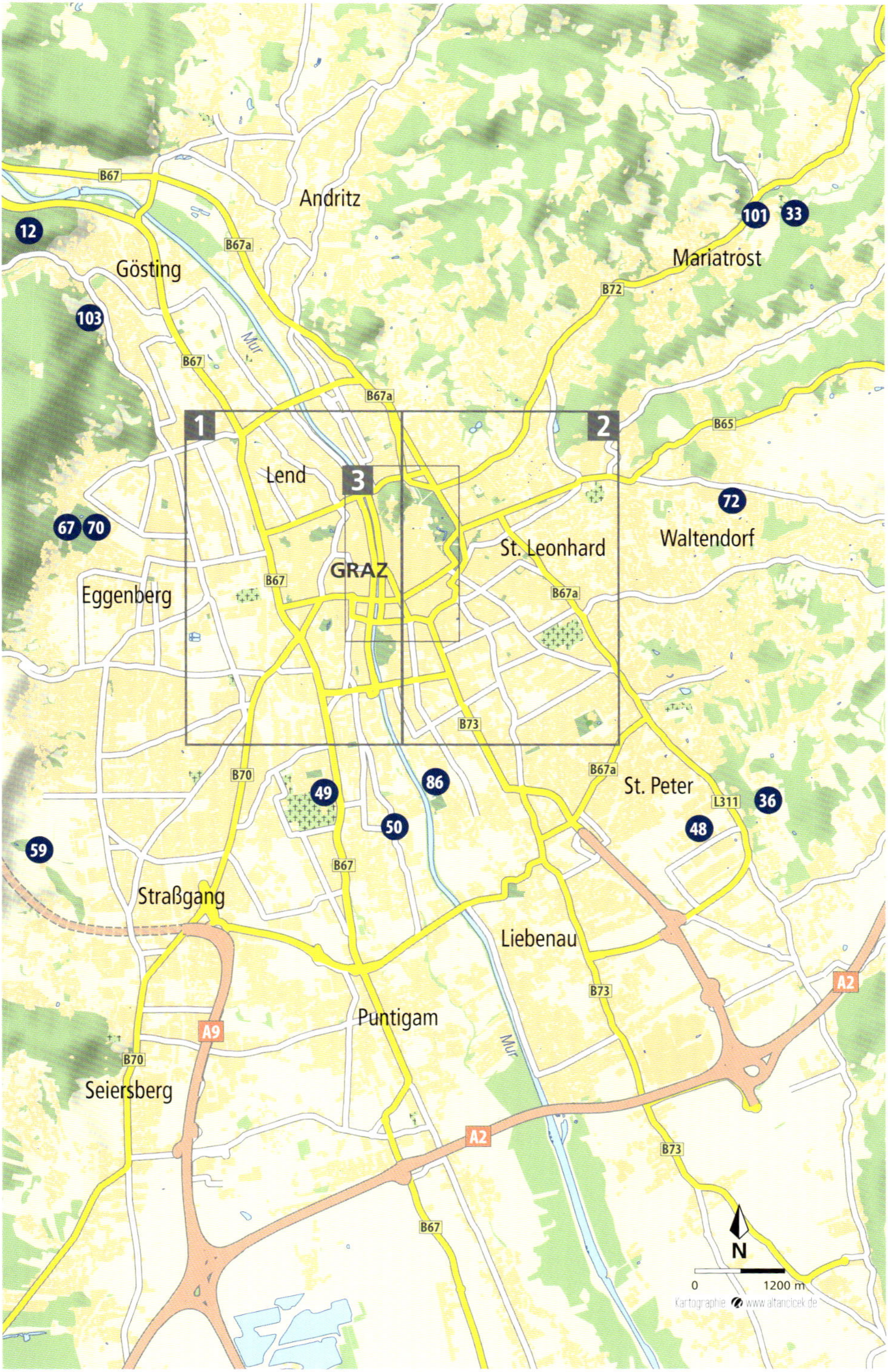
B67
Andritz
12
101
33
Gösting
B67a
Mariatrost
B72
103
Mur
B67
B67a
1
2
B65
Lend
3
72
67
70
St. Leonhard
Waltendorf
GRAZ
B67
Eggenberg
B67a
B73
B70
B67a
St. Peter
49
86
L311
36
48
50
59
B67
Straßgang
Liebenau
A2
B73
Puntigam
A9
Mur
B70
Seiersberg
A2
B73
B67
N
0
1200 m
Kartographie: www.altancicek.de

Rüdiger Liedtke
111 Orte auf Mallorca, die man gesehen haben muss
ISBN 978-3-89705-975-7

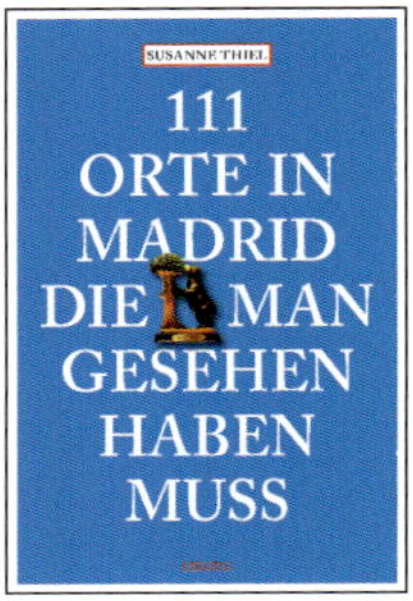

Susanne Thiel
111 Orte in Madrid, die man gesehen haben muss
ISBN 978-3-95451-118-1

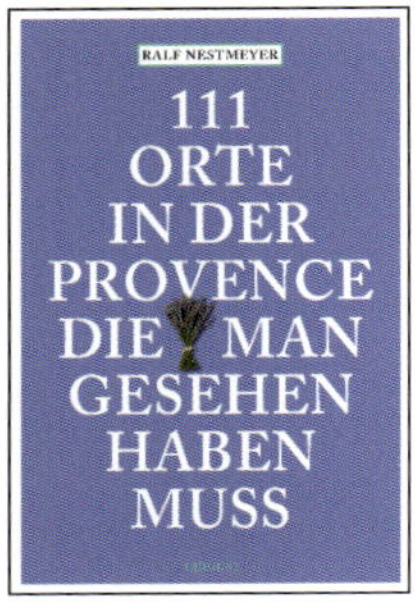

Ralf Nestmeyer
111 Orte in der Provence, die man gesehen haben muss
ISBN 978-3-95451-094-8

Peter Eickhoff
111 Orte in Wien, die man gesehen haben muss
ISBN 978-3-89705-969-6

Stefan Spath
111 Orte in Salzburg, die man gesehen haben muss
ISBN 978-3-95451-114-3

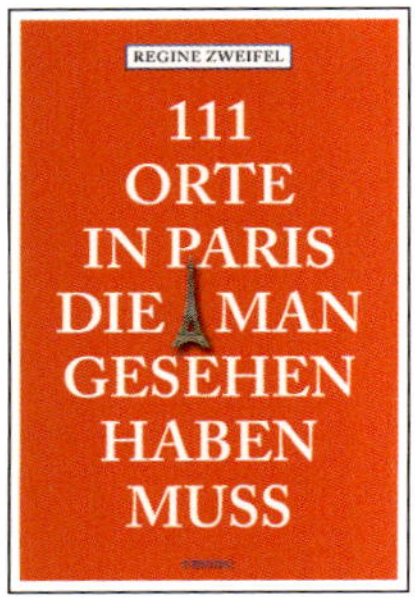

Regine Zweifel
111 Orte in Paris, die man gesehen haben muss
ISBN 978-3-89705-823-1

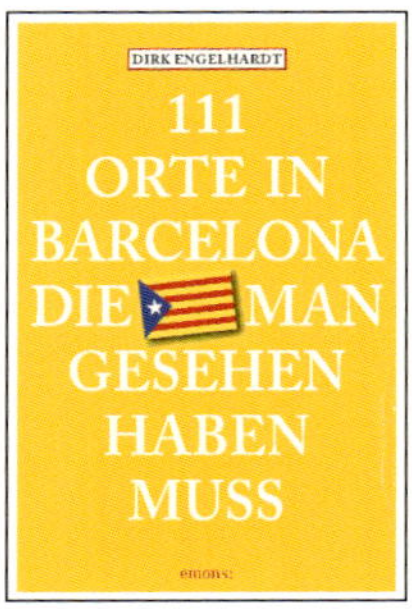

Dirk Engelhardt
111 in Barcelona, die man gesehen haben muss
ISBN 978-3-95451-066-5

John Sykes
111 Orte in London, die man gesehen haben muss
ISBN 978-3-95451-117-4

Annett Klingner
111 Orte in Rom, die man gesehen haben muss
ISBN 978-3-95451-219-5

Thomas Fuchs
111 Orte in Amsterdam, die man gesehen haben muss
ISBN 978-3-95451-209-6

Stefan Spath, Gerald Polzer
111 Orte im Salzkammergut, die man gesehen haben muss
ISBN 978-3-95451-231-7

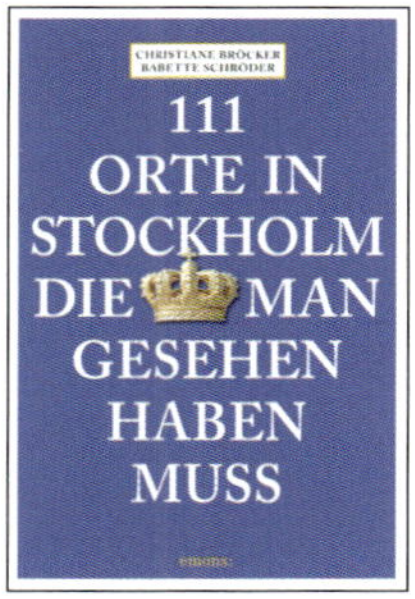

Christiane Bröcker, Babette Schröder
111 Orte in Stockholm, die man gesehen haben muss
ISBN 978-3-95451-203-4

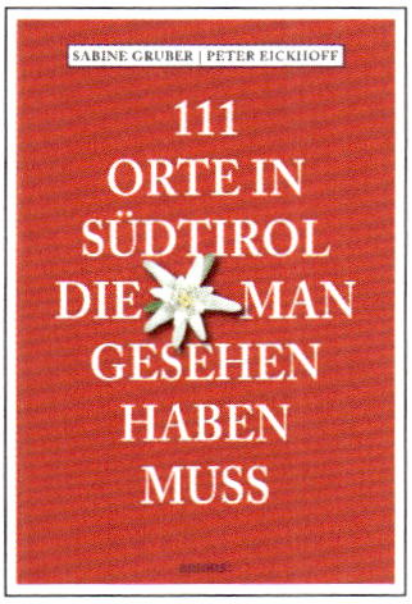

Sabine Gruber, Peter Eickhoff
111 Orte in Südtirol, die man gesehen haben muss
ISBN 978-3-95451-318-5

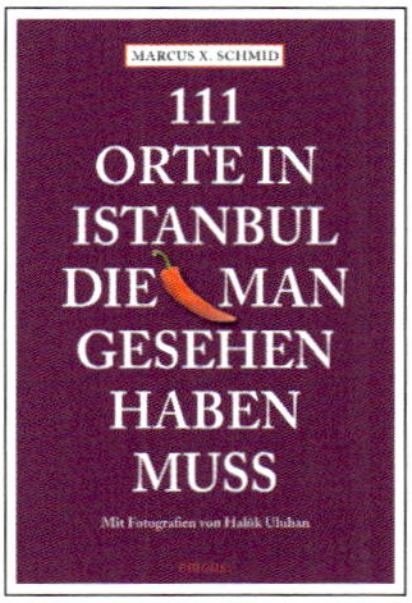

Marcus X. Schmid
111 Orte in Istanbul, die man gesehen haben muss
ISBN 978-3-95451-333-8

Gerd Wolfgang Sievers
111 Orte im Burgenland, die man gesehen haben muss
ISBN 978-3-95451-229-4

Gerd Wolfgang Sievers
111 Orte der Wiener Küche, die man erlebt haben muss
ISBN 978-3-95451-337-6

Lucia Jay von Seldeneck, Carolin Huder, Verena Eidel
111 Orte in Berlin, die man gesehen haben muss
ISBN 978-3-89705-853-8

Bernd Imgrund
111 Kölner Orte, die man gesehen haben muss
Band 1
ISBN 978-3-89705-618-3

Daniela Bianca Gierok,
Ralf H. Dorweiler
111 Orte im Schwarzwald, die man gesehen haben muss
ISBN 978-3-89705-950-4

Barbara Goerlich
111 Orte auf der Schwäbischen Alb, die man gesehen haben muss
ISBN 978-3-89705-948-1

Lucia Jay von Seldeneck,
Carolin Huder, Verena Eidel
111 Orte in Berlin, die Geschichte erzählen
ISBN 978-3-95451-039-9

Stefanie Jung
111 Orte in Mainz, die man gesehen haben muss
ISBN 978-3-95451-041-2

Gabriele Kalmbach
111 Orte in Stuttgart, die man gesehen haben muss
ISBN 978-3-95451-004-7

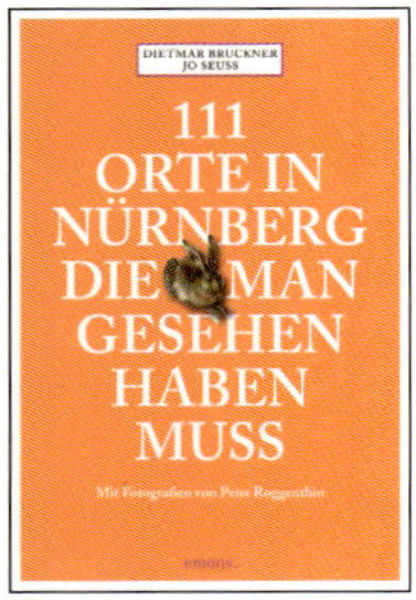

Dietmar Bruckner, Jo Seuß
111 Orte in Nürnberg, die man gesehen haben muss
ISBN 978-3-95451-042-9

Ulf Annel
111 Orte in Erfurt, die man gesehen haben muss
ISBN 978-3-95451-022-1

Oliver Schröter
111 Orte in Sachsen, die man gesehen haben muss
ISBN 978-3-95451-021-4

Reiner Vogel
111 Orte in Regensburg, die man gesehen haben muss
ISBN 978-3-95451-054-2

Dietmar Bruckner,
Michaela Moritz
111 Orte in Bayreuth und der Fränkischen Schweiz, die man gesehen haben muss
ISBN 978-3-95451-130-3

Christina Kuhn,
Christian Löhden
111 Orte in der Pfalz, die man gesehen haben muss
ISBN 978-3-95451-085-6

Monika Salchert
111 Museen in NRW, die man gesehen haben muss
ISBN 978-3-95451-107-5

Stefanie Jung
111 Orte in Rheinhessen, die man gesehen haben muss
ISBN 978-3-95451-082-5

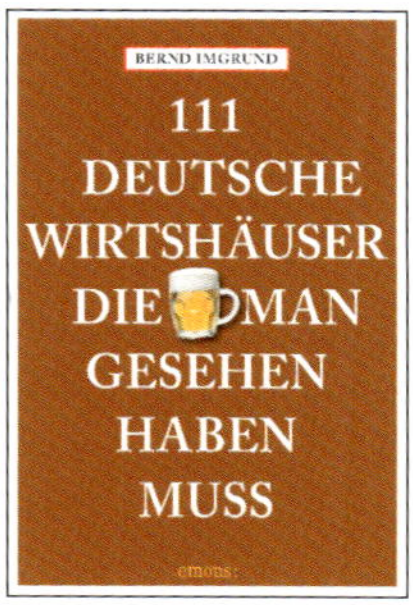

Bernd Imgrund
111 deutsche Wirtshäuser, die man gesehen haben muss
ISBN 978-3-95451-080-1

Cornelia Kuhnert
111 Orte in Hannover, die man gesehen haben muss
ISBN 978-3-95451-086-3

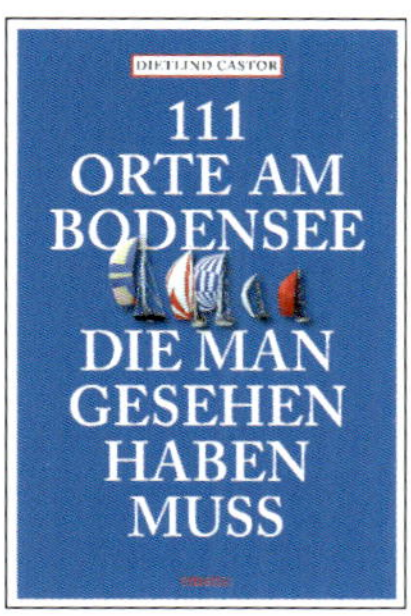

Dietlind Castor
111 Orte am Bodensee, die man gesehen haben muss
ISBN 978-3-95451-063-4

Ralf Koss, Stefanie Kuhne
111 Orte im Bergischen Land, die man gesehen haben muss
ISBN 978-3-95451-027-6

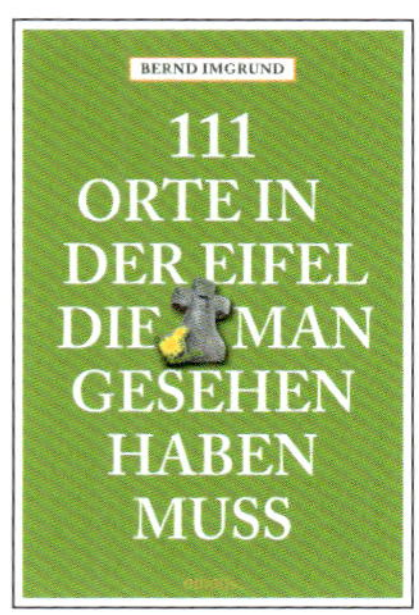

Bernd Imgrund
111 Orte in der Eifel, die man gesehen haben muss
ISBN 978-3-95451-003-0

Gerald Polzer, 1959 in Graz geboren, Studium der Germanistik und Philosophie, schreibt als Autor und Feuilletonist in Wels. Nach dem Band »111 Orte im Salzkammergut, die man gesehen haben muss« ist das Buch über seine Heimatstadt die zweite Arbeit für den Emons Verlag.

Stefan Spath, 1964 in Tirol geboren, lebt und arbeitet als Reisejournalist, Autor und Texter in Wien. Für den Emons Verlag hat er bereits die Bände »111 Orte in Salzburg, die man gesehen haben muss« sowie »111 Orte im Salzkammergut, die man gesehen haben muss« (zusammen mit Gerald Polzer) verfasst.

Textnachweis

Gerald Polzer: 2–4, 6–7, 9–10, 12–14, 17–26, 28–30, 33–35, 37–40, 43, 45–47, 51, 54–55, 57, 58, 61–64, 67–69, 71–74, 76, 77, 79–81, 83–86, 88, 89, 91, 92, 94, 96, 97, 99–102, 104, 106, 107, 109–111

Stefan Spath: 1, 5, 8, 11, 15, 16, 27, 31, 32, 36, 41, 42, 44, 48–50, 52, 53, 56, 59, 60, 65, 66, 70, 75, 78, 82, 87, 90, 93, 95, 98, 103, 105, 108